Wellness financiero

PROFIT
editorial

Profit Editorial, sello editorial de referencia en libros de empresa y management. Con más de 400 títulos en catálogo, ofrece respuestas y soluciones en las temáticas:

- Management, liderazgo y emprendeduría.
- Contabilidad, control y finanzas.
- Bolsa y mercados.
- Recursos humanos, formación y coaching.
- Marketing y ventas.
- Comunicación, relaciones públicas y habilidades directivas.
- Producción y operaciones.

E-books:
Todos los títulos disponibles en formato digital están en todas las plataformas del mundo de distribución de e-books.

Manténgase informado:
Únase al grupo de personas interesadas en recibir, de forma totalmente gratuita, información periódica, newsletters de nuestras publicaciones y novedades a través del QR:

Dónde seguirnos:

 | @profiteditorial

  | Profit Editorial

Ejemplares de evaluación:
Nuestros títulos están disponibles para su evaluación por parte de docentes. Aceptamos solicitudes de evaluación de cualquier docente, siempre que esté registrado en nuestra base de datos como tal y con actividad docente regular. Usted puede registrarse como docente a través del QR:

Nuestro servicio de atención al cliente:
Teléfono: **+34 934 109 793**

E-mail: **info@profiteditorial.com**

Vicenç Yll Escot

Jordi Martínez Llorente

Wellness financiero

Diseña tu mapa a través del canvas
de las finanzas personales

Prólogo de Ferran Teixes

Todas las publicaciones de Profit están disponibles para realizar ediciones personalizadas por parte de empresas e instituciones en condiciones especiales.

Para más información, por favor, contactar con: info@profiteditorial.com

© Vicenç Yll Escot • Jordi Martínez Llorente, 2024
© Profit Editorial I., S. L., 2024

Diseño de cubierta: XicArt
Maquetación: Montserrat Minguell

ISBN: 978-84-19841-26-1
Depósito legal: B 5-2024
Primera edición: Febrero de 2024

Impresión: Gráficas Rey
Impreso en España / *Printed in Spain*

ÍNDICE

PRÓLOGO

El Instituto de Estudios Financieros es uno de los principales referentes europeos en materia de educación financiera. Somos miembros activos del Plan de Educación Financiera que promueven el Banco de España, la CNMV y el Ministerio de Asuntos Económicos y Digitalización, así como de la International Network Financial Education de la OCDE. Al mismo tiempo, colaboramos desde hace años con diferentes entidades, tanto públicas como privadas, para implementar sus programas de divulgación de las finanzas personales dirigidos a públicos diversos (escolares, estudiantes de diferentes titulaciones, profesionales, adultos en situaciones precarias, etc.). Hemos creado un juego de mesa para los niños de Primaria para que entiendan los fundamentos de la economía familiar y, con nuestra participación en diferentes proyectos europeos, contribuimos a la creación de conocimiento relacionado con todo lo que se conoce, internacionalmente, como *financial literacy*.

Sin embargo, hay un segmento de la población que no tiene acceso directo a formación en materia de educación financiera para gestionar de manera efectiva sus finanzas personales. Este segmento está formado por la gran mayoría de la sociedad. Sin más. Por esta razón, en el Instituto de Estudios Financieros hemos diseñado unos talleres con el nombre de «Wellness Financiero» para trasladar estos conocimientos a una parte de esta demanda potencial desatendida. Queremos llegar a estos colectivos a partir de las empresas y organizaciones en las que trabajan y presentarles estos talleres como piezas de la formación general que pueden recibir sobre temáticas diversas: inteligencia emocional, trabajo en equipo, nutrición, o tantas otras.

Para desarrollar este proyecto creamos un equipo formado por Jordi Martínez, director de Educación Financiera del Instituto de Estudios Financieros y experto reconocido en la materia, y por Vicenç Yll, pedagogo, formador y experto en dinámicas de aprendizaje, tanto presenciales, como virtuales.

Una vez diseñados los talleres y realizadas las primeras sesiones, identificaron la necesidad de elaborar una herramienta para ayudar en la gestión de las finanzas personales: el «**Canvas de las Finanzas Personales**». La idea partió del modelo de generación de negocios de Osterwalder, que permite representar, entre otras cosas, la complejidad de un modelo de negocio con un gráfico que puede ser comprendido con un simple vistazo. Gracias a esta herramienta, podremos identificar las áreas en las que podemos mejorar y tomar las decisiones adecuadas para alcanzar nuestros objetivos financieros.

Para poder explicar el «**Canvas de las Finanzas Personales**» y que llegase al máximo número de personas, Jordi y Vicenç decidieron escribir un libro. Este libro, al mismo tiempo que explica esta herramienta, invita a explorar el mundo de las finanzas personales y a tomar el control de nuestra situación financiera. Y también nos ofrece una guía práctica y completa para mejorar nuestra salud financiera y alcanzar el bienestar económico.

En esta obra, los autores nos presentan el concepto de bienestar financiero, que va más allá de la simple gestión de los recursos económicos. Se trata de una visión holística de las finanzas personales, que incluye tanto el aspecto económico como el emocional y psicológico de nuestra relación con el dinero. A través de esta perspectiva, nos invitan a reflexionar sobre cómo podemos mejorar nuestra salud financiera y vivir una vida más plena y satisfactoria.

El libro está estructurado de manera clara y sencilla, con capítulos que nos guían paso a paso en el proceso de mejora de nuestras finanzas personales mientras vamos rellenando los diferentes elementos del Canvas. Siguiendo estos pasos podemos ir identificando las herramientas y las estrategias necesarias para alcanzar nuestros objetivos financieros.

Además, se incluyen ejemplos reales y casos de éxito que nos ayudarán a entender mejor los conceptos y a ver cómo se aplican en situaciones concretas. Esto nos permitirá aprender de las experiencias de otros y encontrar inspiración para poder obtener el máximo partido de nuestras posibilidades.

Sobre finanzas personales se ha escrito mucho y eso es muy bueno. Difundir la educación financiera debería ser una prioridad a nivel social. La novedad de este libro, sin embargo, radica en la propuesta que hace para la aplicación práctica de los aprendizajes que se proponen.

Con toda seguridad, sea cual sea el nivel de conocimientos de educación financiera del lector, en las páginas siguientes encontrará ideas y recursos que mejorarán su bienestar financiero.

Ferran Teixes
Director general del
Instituto de Estudios Financieros y de la
Barcelona Finance School

0
INTRODUCCIÓN

Qué nos ha llevado a escribir este libro (el porqué)

Cuando Ferran Teixes, director ejecutivo del Instituto de Estudios Financieros (IEF), nos puso en contacto para crear un curso de Wellness Financiero (bienestar financiero), no podíamos ni imaginar las puertas que se iban a abrir en los siguientes meses. Vicenç es pedagogo, experto en gamificación e innovación, formador y conferenciante. Jordi es asesor financiero, director de educación financiera en el IEF, socio fundador de inbestMe y autor de *Finanzas para frikis*. La verdad es que ya de inicio vimos que nos íbamos a complementar muy bien.

Enseguida empezamos a trabajar en unos talleres con la ayuda de Anna Rodríguez, del equipo de educación financiera del IEF, y en pocas semanas pudimos hacer un piloto y probar los talleres. El IEF puso el conocimiento y Vicenç las dinámicas y herramientas para hacerlo ameno y comprensible.

¿Por qué Wellness Financiero?

No podemos negar que la palabra wellness está de moda, y lo está porque el concepto de bienestar es bien acogido y es algo de lo que todos queremos disfrutar: bienestar emocional, bienestar físico, bienestar psicológico. Entonces: ¿por qué no vamos a querer un «bienestar económico»?

Cada vez hay más estudios que avalan la relación entre disfrutar de una buena salud financiera con tener menores riesgos de padecer algunas de las enfermedades más presentes en la actualidad como pueden ser las cardiopatías, estrés o depresiones. En junio de 2022, Jordi tuvo la ocasión de asistir a la presentación del *Manual de políticas de educación financiera en los lugares de trabajo*[1] de la red internacional de educación financiera de la OCDE (INFE-OCDE). Este documento tiene como objetivo dar herramientas para poder diseñar formación en finanzas personales para los trabajadores, y lo hace poniendo el foco en que la mejora de esta educación financiera repercutirá en un mayor bienestar general del trabajador. Durante la presentación se pusieron ejemplos de buenas prácticas, cómo por ejemplo la que lleva a cabo la Agencia de Consumo Financiero de Canadá, «FCAC's Financial Wellness in the Workplace»,[2] y se ofrecieron datos que vinculan la salud financiera con la física y mental. En este sentido, por ejemplo, se apuntó que las personas que sufren estrés financiero tienen el triple de probabilidades de padecer migrañas o úlceras de estómago y el doble de sufrir un infarto. Vale la pena mencionar que en inglés las palabras wealth (riqueza) y health (salud) son muy parecidas, y a lo largo de estas páginas iremos descubriendo la relación entre las finanzas y el bienestar.

Lo cierto es que no hace falta ser un profesional de la salud para darse cuenta de que si tenemos menos sufrimiento económico nuestras tensiones y preocupaciones se reducen. Desde hace décadas, cuando tenemos sobrepeso, hipertensión o diabetes acudimos al médico y al dietista para equilibrar nuestra alimentación. También hace mucho que cuando queremos mejorar nuestro estado de forma acudimos a los preparadores físicos de los gimnasios, y más recientemente a los entrenadores personales. Lo mismo sucede cuando padecemos estrés, ansiedad o incluso depresión, acudimos a terapeutas especializados. Entonces, si para todos estos casos vamos a un experto, ¿por qué no acudimos a una persona especializada en asesoría financiera

---

1. <https://www.oecd-ilibrary.org/docserver/b211112e-en.pdf?expires=1671612213&id=id&accname=guest&checksum=9AAC0AFABF9290BD19BD4200DBE2A80>.
2. <https://www.canada.ca/en/financial-consumer-agency/services/financial-wellness-work.html>.

cuando los síntomas de nuestra mala salud financiera son evidentes? Sencillamente, porque el dinero es el último tabú, del que no se habla con nadie, porque parece que si se sabe lo que ganamos, lo que gastamos, o lo que sufrimos por el dinero los otros nos podrán fiscalizar y juzgar.

Así vamos pasando los días, los meses y los años, sin aprender que abrirnos a nuestra realidad financiera y hacerla coherente con nuestro modo de vida es inherentemente bueno para uno mismo. Aceptarlo y activar cambios es el primer paso en el camino a vivir la sensación de Wellness Financiero.

Fuentes de inspiración

El **canvas de las finanzas personales** nace de la mente de Vicenç Yll y combina la pasión y vehemencia con las que Jordi Martínez comparte sus conocimientos sobre educación financiera con el uso del lienzo creado por el profesor Alexander Osterwalder,[3] quien propuso por vez primera el Business Model Canvas (lienzo de modelo de negocio) como una propuesta visual que muestra la estrategia para desarrollar, validar e implementar nuevos modelos de negocio.

Después de diversas reuniones y análisis de contenidos de educación financiera, Vicenç pensó que una buena forma de organizarlo todo sería mediante la creación de un canvas específico: un lienzo que nos permita validar nuestras finanzas personales no solo desde el punto de vista numérico sino que además se relacione con nuestros objetivos de vida, nuestra manera de ser y pueda mostrarnos si estamos tomando decisiones coherentes o no con nosotros mismos.

Su propia experiencia y sus conocimientos de Programación Neurolingüística (PNL) también le sirvieron de inspiración para proponer herramientas y ejercicios que nos facilitarán completar el **canvas de finanzas personales**.

---

3. <https://www.alexosterwalder.com/>.

Hemos tratado de utilizar un lenguaje sencillo porque es lo que nos gusta encontrar cuando leemos un libro de estas características, debe ayudarnos, retarnos y, sobre todo, debe proporcionarnos ideas que podamos activar.

Tanto Vicenç en sus talleres de trabajo con equipos como Jordi en sus charlas de educación financiera suelen hablar de objetivos vitales. Esta es la base del libro que tienes en tus manos. Queremos que sea un buen manual de consulta para cualquier ocasión en que debas enfrentarte a decisiones que tengan que ver tanto con objetivos vitales como financieros.

¿Qué es el canvas de las finanzas personales?

El **canvas de las finanzas personales** es un lienzo que incluye 10 áreas diferenciadas que tienen impacto en la forma cómo organizamos nuestras finanzas. A modo de presentación y siguiendo el orden en que recomendamos completar el **canvas**, las áreas son las siguientes:

1. **Objetivos:** que se dividirán a su vez en **objetivos vitales** y **objetivos financieros**.
2. **Ingresos:** espacio en el que incluiremos los conceptos por los que recibimos dinero. La nómina o los rendimientos del trabajo son el ingreso más evidente pero no el único.
3. **Gastos necesarios:** en esta área recogeremos todos los gastos que no podemos evitar. Una hipoteca/alquiler, o los suministros de agua y electricidad son gastos necesarios para cualquier persona.
4. **Gastos NO necesarios:** aquí incluiremos todos los gastos que no estamos obligados a tener, pero en los que incurrimos. El tabaco, el cine con sus palomitas, o la ropa de marca son buenos ejemplos de gastos NO necesarios.
5. **Fondo de emergencia:** este espacio lo usaremos para informar de la provisión de fondos que tenemos reserva-

da para poder afrontar una situación extrema o un imprevisto. Quedarnos sin empleo es una situación extrema,
como también lo es afrontar una enfermedad de larga du-
ración, o tener que comprarnos un vehículo porque hemos tenido un accidente y nos hemos quedado sin el actual. O cosas más mundanas como cuando se estropea la
lavadora.

6. **Endeudamiento:** esta área nos informará de los créditos
   que tenemos, sus cuotas y la fecha de vencimiento. Aquí
   añadiremos la hipoteca, el crédito que hicimos para la reforma o para comprar el coche, la compra con la tarjeta
   que decidimos aplazar, o cualquier otro tipo de deuda que
   tengamos.

7. **Perfil de riesgo:** nos permitirá profundizar sobre nuestra
   tolerancia y capacidad de ahorrar con mayor o menor ten-
   sión, y la posibilidad de que nuestros ahorros puedan sufrir altibajos a lo largo del tiempo al estar invertidos en
   productos financieros con riesgo.

8. **Ahorro e inversiones:** reservaremos este espacio para
   incluir tanto nuestros ahorros en forma de dinero almace-
   nado en depósitos, cuentas corrientes o bajo la almohada,
   como aquellas inversiones que tengamos en diferentes
   productos financieros.

9. **Visión de futuro:** al llegar a esta área podemos tomar
   perspectiva y observar nuestro horizonte para ver todo
   aquello que puede ocurrir en un futuro más o menos inmediato. Por ello dividiremos el espacio en dos aparta-
   dos: gastos futuros (nos permitirá empezar a planificar
   cómo les haremos frente) e ingresos futuros (podremos
   tener en cuenta esa fuente de ingresos para poder usarla
   como mejor nos convenga).

10. **Patrimonio neto:** una vez hayamos hecho todo el reco-
    rrido, calcularemos nuestro patrimonio neto restando lo
    que debemos a lo que tenemos.

Podemos verlo en esta imagen:

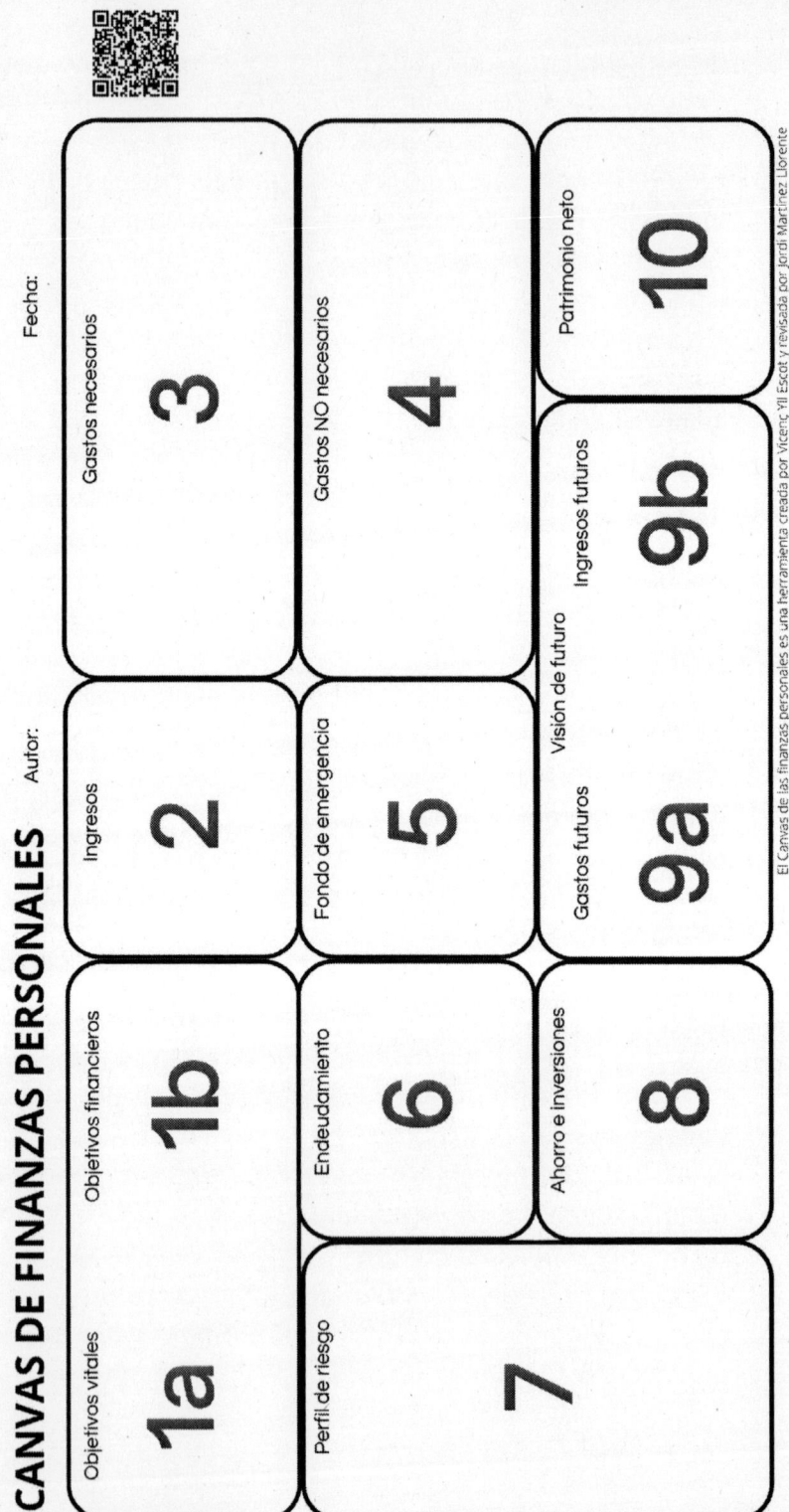

CANVAS DE FINANZAS PERSONALES

Autor: Fecha:

Objetivos vitales
1a

Objetivos financieros
1b

Ingresos
2

Gastos necesarios
3

Perfil de riesgo
7

Endeudamiento
6

Fondo de emergencia
5

Gastos NO necesarios
4

Ahorro e inversiones
8

Gastos futuros   **Visión de futuro**   **Ingresos futuros**
9a   9b

Patrimonio neto
10

El Canvas de las finanzas personales es una herramienta creada por Vicenç Yll Escot y revisada por Jordi Martínez Llorente

El **canvas** nos permitirá examinar nuestra situación financiera a través del análisis detallado de diversas áreas de nuestra vida representadas por los diferentes espacios, que nos servirán, por ejemplo, para tomar decisiones, gestionar nuestro presupuesto o decidir nuestra forma de ahorrar.

Al completar el **canvas**, con un simple vistazo podremos hacernos una idea rápida del estado de nuestras finanzas personales que nos ayudará a reorientar y tomar decisiones de forma más razonada y con mejor perspectiva.

El **canvas de las finanzas personales** puede tener un uso estratégico para planificar nuestras inversiones y controlar nuestros gastos, pero para nosotros lo más importante es que pueda servirte para ir conociéndote mejor y te permita tomar decisiones que persigan tu bienestar financiero. Como decíamos al inicio, tener bienestar financiero impactará positivamente en tu bienestar físico y emocional.

Trabajar el **canvas de finanzas personales** va a suponer un viaje hacia tu interior. Durante este camino te vas a conocer mejor, descubrirás tus motivaciones interiores y cómo reaccionas ante las amenazas. Arrojarás luz donde ahora existen muchas sombras y dudas de cómo y en qué «se te va el dinero», pero sobre todo aprenderás algunos modos de tomar mejores decisiones relacionadas con vivir mejor tus finanzas personales, con el objetivo de reducir los malos momentos financieros que nos causan malestar.

Llega el momento de introducirnos en la herramienta, y para ello empezaremos por las áreas de autoconocimiento, porque antes de saber adónde queremos ir debemos entender cómo somos nosotros y cómo nos relacionamos con nuestras finanzas.

Bienvenido al **canvas de las finanzas personales**. Te deseamos el mejor de los viajes.

1
OBJETIVOS

Conoce tus limitaciones
y dominarás tus posibilidades

Cuando te das cuenta de lo mucho que ignoras del mundo de las finanzas personales es cuando puedes empezar a abrirte a la posibilidad de aprender de qué maneras puedes organizarlas para poder afrontar tu vida en busca del tan anhelado bienestar.

En 2016, el Banco de España y la Comisión Nacional del Mercado de Valores (CNMV) llevaron a cabo la encuesta sobre conocimientos financieros[1] más grande que se ha hecho en España. Los resultados a preguntas sobre inflación, diversificación o interés compuesto, demostraron la falta de conocimientos de gran parte de la población. En la misma encuesta se pidió a los ciudadanos qué percepción tenían de sus propios conocimientos financieros, el 46 % dijo que muy bajos o bastante bajos.

Vivimos en un día a día plagado de pequeños y grandes gastos que controlamos muy poco ya que la mágica tarjeta de crédito o débito hace supersencillo el pago… Pero qué digo, si además puedo hacerlo desde mi *smartphone* último modelo comprado a dos años «sin intereses», según me dijeron, o mejor aún, desde mi flamante *smartwatch* que hace de todo menos adelgazar por mí.

A veces, al final del día accedemos a nuestra aplicación del banco y hacemos un ligero control de cómo va la cuenta: ¿No me he pasado mucho? ¡Fantástico! ¿Se me ha ido la mano? En

---

1. <https://www.cnmv.es/docportal/AlDia/EncuestaCompetencias.pdf>.

ese caso, a partir de mañana habrá que controlarse un poco. Otras veces ni siquiera entramos por miedo a darnos de bruces con la realidad.

En definitiva, nos hemos alejado de la noción del dinero contante y sonante, con lo que ello conlleva. Los billetes y las monedas físicos nos hacen ser mucho más conscientes de la «pérdida». No es lo mismo sacar un billete de la cartera y dárselo a otro que pasar el móvil o el reloj inteligente por un lector. Además, vivimos en una nebulosa en la que parece que el dinero digital nos puede dar todo lo que deseamos *just in time*.

El *just in time* nos hace mucho daño. No solo queremos muchas cosas, sino que además las queremos ahora. Vivimos en una sociedad que nos hace ser impulsivos en las compras y muy poco pacientes, por eso el concepto del ahorro, es decir, reservar para el mañana, es algo que nos queda muy lejos y se nos hace muy extraño. Sin olvidar que hay muchas familias que no tienen ingresos o que estos son muy escasos.

Llega fin de mes y los últimos días vamos con la lengua fuera, frustrados por tener que renunciar a salir una noche, ir al cine y comprar las palomitas que ya son más caras que la propia entrada, o comprarnos aquella ropa que habíamos visto por internet…

—Ah! no! ¡Espera que tengo una tarjeta de crédito!

Y vivimos a crédito, pensando que eso es lo que hace la mayoría de la gente. Porque de ese modo podemos seguir comprando esos caprichos de final de mes y, además, financiarnos a crédito el dentista de los niños, el electrodoméstico que se nos rompió y quizá, hasta las vacaciones. Porque si no vamos de vacaciones parece que nos falte algo vital, especialmente después de una pandemia y todo lo que hemos sufrido, nos autoconvencemos de que las merecemos más que nunca.

Si a lo que renunciamos son caprichos nos sentiremos un poco mal, pero no pasará nada grave. Sin embargo, a veces no llegar a final de mes puede significar no poder afrontar el recibo de la luz, tener que pedir un adelanto para pagar el alquiler, o pagar tarde la hipoteca con el gasto en comisiones e intereses que esto supone.

El desconocimiento, la necesidad y a veces la obsesión por conseguir dinero rápido nos lleva a tomar malas decisiones financieras. Un *tiktoker*, un amigo o un cuñado nos cuenta que nos podemos hacer ricos invirtiendo en criptoactivos en metales preciosos, o haciendo trading de acciones de mercados emergentes y aunque a algunos les pueda salir bien la jugada, la mayoría acabaremos perdiendo aquel dinero que necesitábamos para llegar a fin de mes.

Objetivos vitales y objetivos financieros

La sociedad occidental lleva más de 20 años rompiendo sus propios paradigmas. Ya no vemos la televisión como antes, no nos desplazamos como antes, no nos comunicamos como antes. Nuestros hábitos de salud han cambiado, los alimentarios también e incluso el concepto del ejercicio y deporte han vivido una revolución.

Vivimos inmersos en un deber autoimpuesto de mostrar al mundo lo bien que nos va. En general, nadie publica en sus redes sociales su peor foto o vídeo ¿verdad? Nos hemos creado una necesidad de proyectar una imagen de felicidad, éxito y buenas decisiones que muy frecuentemente colisionan con nuestra realidad. Lo peor es que en muchas ocasiones somos arrastrados hacia este tipo de comportamientos y conductas sociales y no nos hemos parado a pensar: «¿Es esto lo que realmente quiero?»... Alerta *spoiler*: NO.

Nos pasamos la infancia y la adolescencia estudiando muchos temas de conocimiento general, normas gramaticales en varios idiomas y los fundamentos de las ciencias. Pero dedicamos muy poco tiempo a visualizar qué queremos de esta vida. Así que cuando llega el momento de plantearnos las grandes preguntas no sabemos ni por dónde empezar, ni cómo hacerlo. Es como si los niños que fuimos, rebosantes de imaginación e ideas, hubieran sido aniquilados y sustituidos por seres que se mueven con la inercia social, en nuestro caso de la sociedad del hiperconsumo.

Pero no debemos preocuparnos, porque nuestros objetivos vitales están ahí. Tan solo tenemos que empezar a visualizarlos e irán apareciendo con claridad pasmosa, porque no hay nada más poderoso que nuestra capacidad de visualizarnos y empezar a comprender aquello que permitirá que alcancemos nuestras metas.

Así que será mejor no saltarse pasos y empezar por el principio.

¿Qué son los objetivos vitales?

Te acuerdas cuando de pequeño tus padres o tus familiares te preguntaban: «¿Qué quieres ser de mayor?», y tú pensabas: «A mí qué me explicas, déjame ver "Bola de Dragón", "Pokemon" o "One Piece"». De alguna manera, en esa época se relacionaba un objetivo vital como la respuesta a qué dedicarías tu vida profesional en el futuro. Pues eso es lo más alejado que hay cuando te pones a pensar en tus objetivos vitales.

Los objetivos vitales no tienen tanto que ver con tu desarrollo profesional, qué también, como con tu desarrollo personal. ¿Os suena aquello de sentirse realizado? Nos han vendido que sentirse realizado es desempeñar un trabajo «de éxito». Sentirse realizado está íntimamente relacionado con el bienestar. Una persona sana en todas sus dimensiones, emocional, física y financieramente, es una persona realizada.

Los objetivos vitales son aquellas metas que nos acercan a este estado de realización, veamos algunos ejemplos.

1. **Independizarse o tener nuestra vivienda soñada: tener nuestro propio hogar suele ser un objetivo vital universal. Quizá vas a dejar la casa de tus padres y te planteas compartir piso con tus amigos o tu pareja. A lo mejor, estás pensando alquilar o comprar tu primera vivienda.** Puede ser que siempre hayas querido tener una pequeña casita con algo de jardín. Un lugar donde vivir tranquilo y alejado del mundanal ruido, poder plan-

tar tus plantas o frutales y descansar al atardecer con un buen libro. Un sueño que año tras año ves más lejos porque el mundo es realmente implacable y ahorrar para ese sueño es imposible. Poco a poco el sueño se va haciendo más pequeño hasta desaparecer en la playa de los sueños incumplidos, y así aquel objetivo vital acaba no llegando a realizarse nunca.

2. **Vivir la 3.ª edad cómodamente**. Podría ser que sencillamente te preocupase tu salud y que con los años te veas en la necesidad de ser dependiente o, a tu modo de ver, convertido en «una carga» para los tuyos. Así que tu sueño vital sería vivir en un *coliving* con otras personas de tu edad que comparten las tareas diarias y pagan una serie de servicios de ayuda y asistencia para su comunidad. Pero no sabes cómo podrás afrontar el gasto que supondrá hacer realidad esta idea y van pasando los años sin haber empezado a ahorrar, y la mala noticia es que el paso del tiempo no juega a tu favor.

3. **El viaje en familia soñado**. Un objetivo vital más mundano puede ser sencillamente hacer un gran viaje con toda tu familia, un viaje a un lugar que os atrae a todos pero que supondrá un enorme gasto: ir a Japón, los parques Disneyland en Orlando, o realizar un safari fotográfico por Kenia será algo que quedará grabado a fuego en la historia familiar. Sin embargo afrontar ese gasto supone un gran esfuerzo de ahorro, y podrían pasar los años sin que llegue ese momento tan deseado porque siempre hubo otros gastos e imprevistos que afrontar.

4. **Emprender, montar tu negocio**. Tienes una idea que quieres llevar a cabo, o deseas ser tu propio jefe. Si pudieras hacer realidad esa idea que te ronda por la cabeza desde hace tiempo te sentirías muy bien, pero aunque no tienes claro cómo afrontarla ni los riesgos que conlleva, la

posibilidad de explorar esa zona de incertidumbre y riesgo puede ser algo que quieres probar, aunque solo sea una vez en la vida.

Podríamos añadir decenas de ejemplos de objetivos vitales, todos ellos con una característica común: una vez se cumplan irán acompañados de emociones relacionadas con el bienestar y sin duda alguna positivas para la persona que los hace realidad.

Pero también podemos extraer una segunda conclusión al leer este tipo de objetivos vitales: todos ellos implican un esfuerzo económico que me obliga a plantearme un nuevo tipo de objetivo si los quiero ver cumplidos. Se trata de los objetivos financieros.

¿Qué son los objetivos financieros?

La mayoría de objetivos vitales van acompañados de un objetivo financiero. Y la mayoría de decisiones vitales que tomamos para acercarnos a esas metas, conllevan una decisión financiera.

Los objetivos financieros son una meta en tus ahorros que te permitirá satisfacer uno o más objetivos vitales. Un objetivo financiero implica que debes organizar tu economía para irte acercando a tu meta vital. Establecer un objetivo financiero que te ayude a cumplir el sueño de la casa con jardín puede ser una buena idea.

A lo largo del libro, utilizaremos como ejemplo a María, a quien acompañaremos en su recorrido vital. Tiene 27 años y hasta el momento ha compartido piso en una gran ciudad, pero ahora se plantea alquilar uno ella sola. Paralelamente, en el anexo encontrarás el ejemplo de Elena y Carlos, una pareja sobre los 40 que tiene dos hijas. Si te sientes más identificado con ellos, después de cada capítulo te animamos a leer cómo han rellenado ellos cada apartado del **canvas**.

El caso de María podríamos decir que es universal, todos nos independizamos o lo haremos algún día, y eso comportará algunas decisiones personales: ¿me voy solo o con alguien?, ¿a un piso en una ciudad o a una casita de pueblo? Y también decisiones financieras: ¿compro o alquilo?, ¿ahorro antes para la entrada o la fianza o pido un préstamo?

Quizá hace unos años María soñaba vivir en una casita con jardín no muy lejos del trabajo, pero la realidad financiera va relegando aquella idea y como decía Calderón de la Barca «[...] los sueños, sueños son». Aunque también es verdad que si se planifica, las posibilidades de conseguirlo serán más altas. No te preocupes si todavía no tienes claro qué tipo de objetivos financieros vas a fijarte, antes de eso es importante establecer los objetivos vitales. Así que vamos a ver de qué manera podemos visualizarlos para plasmarlos en nuestro **canvas de finanzas personales**. Para ello te proponemos una dinámica llamada Puente hacia el futuro. Veamos a continuación en qué consiste y cómo llevarla a cabo allí donde estés.

Dinámica - Puente hacia el futuro

Te recomendamos que realices este ejercicio en un lugar tranquilo en el que sepas que durante un rato nadie te va a interrumpir. Trata de estar cómodo y tener algo para apuntar a tu alcance. Puedes poner algo de música relajante que te ayude a concentrarte.

Marca en el suelo de tu habitación cinco posiciones a, más o menos, un paso de distancia entre ellas. La primera posición representará el momento presente y la última el futuro más alejado. En el ejemplo que verás más adelante hemos propuesto la edad de 80 años, 15 años después de la jubilación actual y dentro de la esperanza de vida media en España según el Instituto Nacional de Estadística (INE).[2]

---

2. <https://www.ine.es/ss/Satellite?L=es_ES&c=INESeccion_C&cid=125992638 0048&p=1254735110672&pagename=ProductosYServicios/PYSLayout#:~:text =Ratio%20de%20masculinidad%20a%20la%20defunci%C3%B3n&text=Seg% C3%BAn%20los%20indicadores%20demogr%C3%A1ficos%20b%C3%A1sicos, 7%20a%2085%2C1%20a%C3%B1os>.

Las posiciones intermedias serán momentos futuros más próximos. En el ejemplo, y de derecha a izquierda, proponemos como posiciones intermedias la jubilación, los 50 años y los 35 años, suponiendo que el momento presente es el de una persona de entre 20 y 30 años. Cada paso representará un salto de unos 15 años, excepto el primero que quizá nos queda más cerca.

Para marcar cada posición puedes usar un cojín, un libro o una revista. Para ayudarte te proponemos seguir este esquema:

PUENTE HACIA EL FUTURO

PUNTO DE PARTIDA

El punto de partida es el cojín más alejado del presente; representará un momento alejado, por ejemplo: yo a los 80 años.

Paso 1: Futuro lejano

Para poder «meternos» en este ejercicio empezaremos por situarnos en la marca más alejada del presente, la que hemos denominado «FUTURO LEJANO». Una vez allí cerraremos los ojos y realizaremos unas cuantas respiraciones profundas, inhalando lentamente y sosteniendo el aire en nuestro interior durante unos instantes para exhalar suavemente. Nuestra mirada interior se ha de situar en ese momento a la edad de 80 años y ha de tratar de responder las siguientes preguntas:

¿Dónde te gustaría estar viviendo?
¿Con quién te gustaría estar viviendo?

¿Tienes alguna propiedad? ¿Cómo es?

¿Haces vacaciones? ¿A qué lugares?

¿Cómo te desplazas para ir de vacaciones?

¿A qué dedicas tus días?

¿Qué es lo que te hace feliz?

¿Financieramente, qué te preocupa en ese momento?

Evidentemente, no tendrás las respuestas para todas las preguntas, pero en este ejercicio se trata de hacer una proyección de **qué te gustaría y cómo te gustaría** que fuera tu vida a esa edad, es nuestra aspiración en el mejor de los escenarios. Es más, si se te ocurre alguna otra pregunta importante para ti no dudes en plantearla y tratar de responderla con la mayor sinceridad.

Tómate tu tiempo en visualizar cada respuesta. Si estás visualizando dónde te gustaría estar viviendo, trata de ver cómo es cada uno de los espacios de la vivienda, qué tipo de decoración hay, cómo es la luz, si hay animales u otras personas allí, cómo son los alrededores. Toda la información que puedas recoger te será de ayuda para dar forma a tus objetivos vitales. En el momento que creas tener una composición clara y detallada podrás pasar a la siguiente pregunta o, si lo prefieres, anotar primero con detalle tu visualización y volver a concentrarte para continuar con la siguiente pregunta.

En cualquier momento puede ser que relaciones una de tus visualizaciones con algo que te hace vibrar de emoción, es muy posible que estés en la antesala de identificar un objetivo vital. Te invitamos a que en ese momento trates de darle forma con una frase del tipo: «Lo que realmente me gustaría es…». Por ejemplo: «Lo que realmente me gustaría es vivir en un piso con una amplia terraza y vistas a un parque, desde el que poder contemplar a los niños jugar mientras doy de comer a mis dos gatos».

No es necesario que respondas a todas y cada una de las preguntas que te proponemos, pero te recomendamos hacerlo para poder explorar con mayor profundidad ese momento futuro. Cuanto más tiempo dediques mayor será el grado de detalle de tu visualización y tendrás una mejor composición de cómo te gustaría que fuera ese momento de tu vida en sus diferentes facetas.

Cuando hayas finalizado la visualización del FUTURO LEJANO deberás dar un paso atrás y situarte encima de la marca inmediatamente anterior. Ese paso simboliza un salto en el tiempo, en nuestro caso un viaje de 15 años. ¿Estás listo? Posiciónate según indica la imagen del esquema.

Paso 2: Jubilación

PUENTE HACIA EL FUTURO

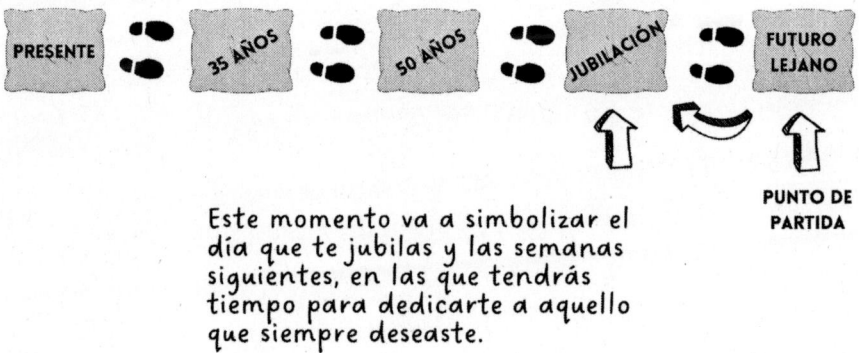

Este momento va a simbolizar el día que te jubilas y las semanas siguientes, en las que tendrás tiempo para dedicarte a aquello que siempre deseaste.

Ahora que ya hemos visualizado nuestro FUTURO LEJANO, al llegar a este nuevo punto, LA JUBILACIÓN, nos puede ser más fácil visualizar las mismas preguntas. Pero no quieras ir rápido. Es importante que vuelvas a realizar las respiraciones y te concentres en el momento de tu jubilación y en cómo será ese día. Añade alguna nueva pregunta, te proponemos las siguientes:

¿Cómo te gustaría que fuera el día de tu jubilación?
¿Qué harás durante las primeras semanas sin necesidad de trabajar?

¿A qué te gustaría dedicar el tiempo que destinabas a trabajar?

¿Con quién te gustaría compartir las actividades que realices
a partir de ese momento?

Nuevamente nos enfrentamos al reto de idealizar ese momento tan importante en nuestras vidas. Tenemos la oportunidad de visualizar cómo nos gustaría que fuera y poner los primeros fundamentos para hacerlo posible.

Al finalizar esta visualización volvemos a nuestro cuaderno
y anotamos los detalles de lo que hemos podido ver, centrándo-
nos en aquello que nos gustaría que pasara e ilustrando la esce-
na con los lugares que hemos visto, las personas con las que
estábamos, cómo nos hemos sentido y qué estábamos haciendo.

Pasos 3 y 4: Los 50 y 35 años

Ya conoces cómo funciona la primera parte del proceso de la
herramienta **Puente hacia el futuro**, el camino que va desde el
futuro más alejado hasta el momento presente. Por lo tanto, en
los siguientes pasos debes repetir cada visualización e ir ano-
tándola en tu cuaderno hasta llegar al momento presente.

PUENTE HACIA EL FUTURO

PRESENTE · 35 AÑOS · 50 AÑOS · JUBILACIÓN · FUTURO LEJANO

PUNTO DE PARTIDA

Seguiremos haciendo el mismo
proceso para visualizar cada etapa
futura y responder cómo nos
gustaría que fuera nuestra vida en
cada momento vital.

En este ejemplo hemos propuesto saltos de 15 años. Pero podrían ser de una década o de 20 años, lo que implicaría hacer más o menos saltos. Cuántos más saltos hagamos mayor será la nitidez de los detalles que visualizaremos. Entonces, ¿cómo decidimos el número de saltos a realizar? Bien, una posible respuesta se obtiene cuando pienses en tu edad actual. Si tienes 63 años te recomendamos que hagas saltos de 3 a 5 años. Y si tienes 20, quizá con hacer saltos de 20 años sea suficiente. Hacer más de 4 o 5 saltos puede ser agotador y difícil de sostener, así que organiza tus saltos de tiempo entre tu edad actual y los 80 u 85 años, si así lo prefieres, de forma que haya entre 3 y 5 saltos.

Paso 5: El momento presente

Cuando llegamos a la marca inicial nos estamos situando en el aquí y ahora. El presente nos muestra a nosotros tal y cómo somos con las decisiones que hemos ido tomando a lo largo de nuestra vida y la situación de bienestar emocional, físico y financiero que sea.

Nos encontramos en el ecuador de esta dinámica, a lo largo de cada paso desde el futuro lejano hasta el presente hemos visualizado cómo nos gustaría que fuera cada momento de nuestra vida, pero para que un momento vital que hayamos experimentado se convierta en realidad vamos a tener que acompañarlo con una serie de decisiones a tomar. Y en nuestras vidas cada decisión suele ir acompañada de una decisión financiera. Veamos cómo funciona esta parte.

PUENTE HACIA EL FUTURO

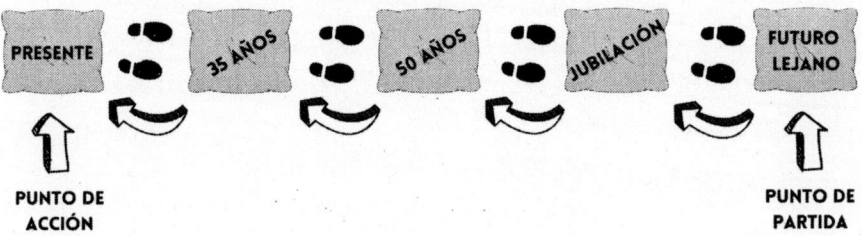

Desde aquí revisamos el futuro que acabamos de visualizar. Nos concentramos para ver qué tipo de decisiones he de tomar para poder hacer realidad mi idea.

Es el momento de revisar el futuro que deseamos e identificar si en nuestra visualización aparecen elementos que a día de hoy no existen. Puede ser que María se haya visualizado haciendo una ruta por Europa en una autocaravana con su pareja. ¿Es una autocaravana de propiedad? ¿Es un viaje largo? ¿Es algo que hará a menudo?

Una autocaravana marca un estilo de vida particular, una forma de entender cómo vivir y disfrutar de los viajes. Implica un gasto importante en su compra y mantenimiento. Algunas preguntas que María debe hacerse y también responder ahora son:

¿Dispongo del dinero necesario para comprarme una autocaravana?

¿Cuándo me gustaría empezar a viajar con ella?

¿Cómo y cuánto puedo empezar a ahorrar para poder adquirir una en los próximos años?

¿Es una opción adquirir una de segunda mano y así reducir el esfuerzo económico para conseguirla?

Responder a estas preguntas le va a permitir establecer los primeros objetivos financieros para acercarse a su objetivo vital: «Me gustaría disponer de una autocaravana con la que poder viajar y recorrer Europa. Voy a apartar 100 € cada mes para poder dar la entrada dentro de 5 años y pedir un crédito menor para adquirir mi propia autocaravana nueva».

Quizá cuando hayan pasado los 5 años a María ya no le apetezca viajar en autocaravana. Es recomendable realizar el ejercicio de **un puente hacia el futuro** cada 2 o 3 años ya que tus objetivos vitales pueden ir cambiando a medida que transcurre la vida. Pero está fuera de toda duda que si dentro de 3 años tu objetivo vital ha variado, y has logrado guardar 100 € al mes, tendrás ahorrados al menos 3.600 € si los tenías en un depósito sin riesgo.

Siguientes pasos desde el presente hasta el futuro lejano

A partir de aquí la dinámica se repite para ir avanzando paso a paso en cada uno de los momentos que previamente hicimos hacia atrás. Cada nuevo paso ha de ir acompañado de la reflexión sobre las decisiones que debemos tomar y a partir de qué momento hacerlo para poder cumplir los objetivos vitales que nos hemos propuesto en la primera parte del ejercicio. Es posible que en un paso en concreto tomes una decisión financiera que se prolongará a lo largo de varios pasos. Un ejemplo puede ser que a los 35 años decidas hacer una aportación periódica para completar tu pensión. Esta aportación la realizarás desde los 35 años hasta tu jubilación.

La toma de decisiones financieras es compleja ya que cada una de ellas desencadenará una o varias consecuencias de futuro y te acercarán a cumplir tus objetivos vitales. Medita con detenimiento acerca de cuáles son aquellas acciones que más te convienen y que te van a permitir vivir de una manera más feliz y plena en ese camino que has visualizado en tu puente hacia el futuro.

PUENTE HACIA EL FUTURO

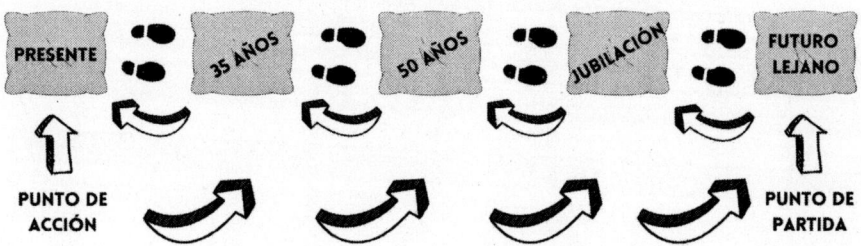

Toma de decisiones financieras

A modo de ejemplo, al finalizar esta dinámica y plasmar sus objetivos vitales y financieros en el **canvas de finanzas personales** de María podría quedar algo similar a la siguiente imagen.

Si quieres ver la imagen del canvas con más detalle, puedes utilizar el código QR que encontrarás al lado del mismo.

CANVAS DE FINANZAS PERSONALES

Autor: María

Fecha:

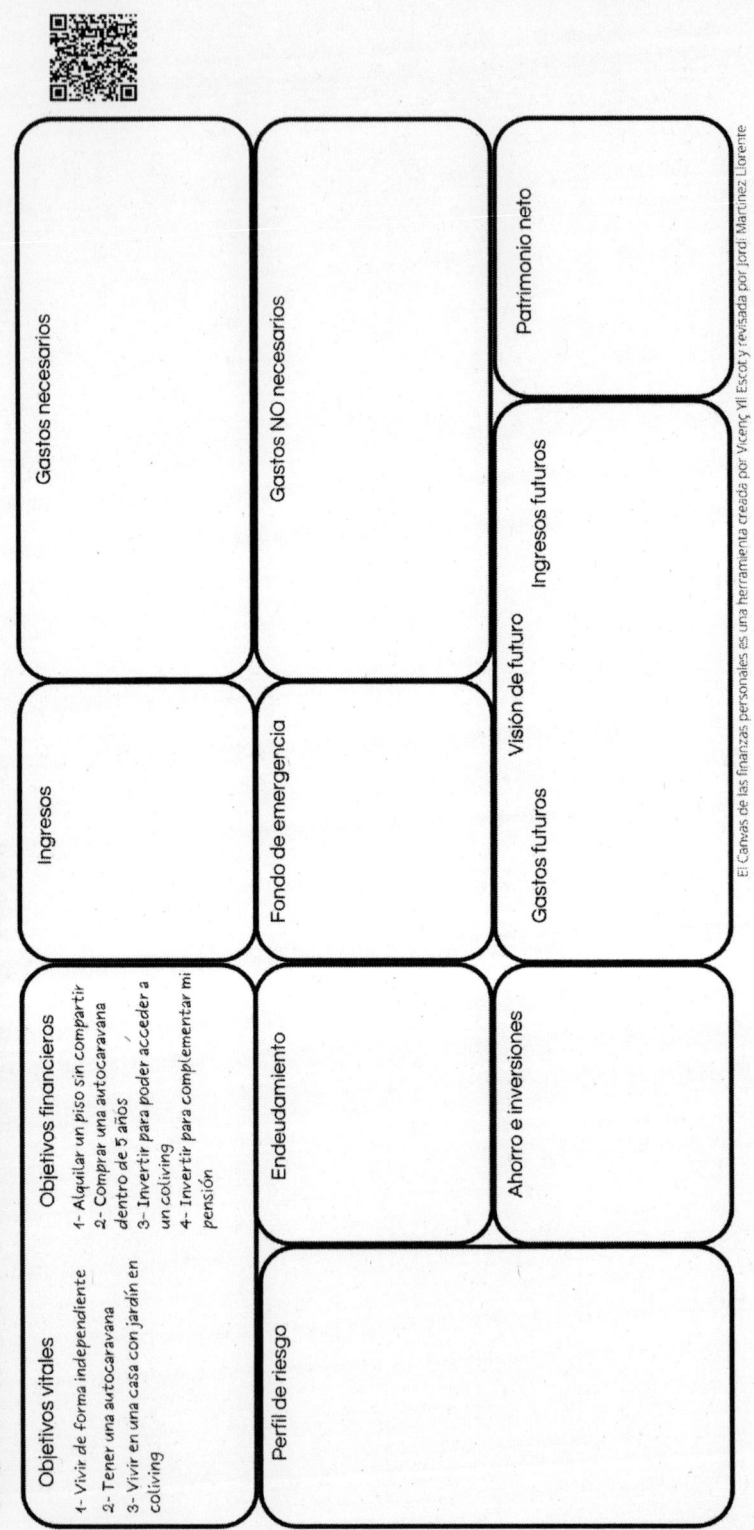

Objetivos vitales

1- Vivir de forma independiente

2- Tener una autocaravana

3- Vivir en una casa con jardín en coliving

Objetivos financieros

1- Alquilar un piso sin compartir

2- Comprar una autocaravana dentro de 5 años

3- Invertir para poder acceder a un coliving

4- Invertir para complementar mi pensión

Ingresos

Gastos necesarios

Endeudamiento

Fondo de emergencia

Gastos NO necesarios

Perfil de riesgo

Ahorro e inversiones

Visión de futuro

Gastos futuros

Ingresos futuros

Patrimonio neto

El Canvas de las finanzas personales es una herramienta creada por Vicenç Yll Escrit y revisada por Jordi Martínez Llorente.

Encontrarás el ejemplo del **Canvas de finanzas personales** de Elena y Carlos en el anexo.

Una vez completada la sección de objetivos del **canvas de finanzas personales**, vamos a pasar a la que se encuentra inmediatamente a su derecha, los ingresos. Esto nos empezará a aportar información acerca del presupuesto real que manejamos.

2

LOS INGRESOS

¿Qué entendemos por ingresos?

A la derecha de los objetivos vitales y financieros encontramos el área correspondiente a los ingresos. A priori, este espacio es el más sencillo de rellenar ya que tan solo hay que añadir lo que percibimos. Pues un ingreso es, simplemente esto, una cantidad de dinero que recibimos de un particular o de una empresa, ya sea en efectivo o en nuestra cuenta.

Como el **canvas de las finanzas personales** es una foto fija de un momento determinado podría pasar que no tengas claro cómo reflejar algún ingreso porque lo recibes de forma anual (por ejemplo, un incentivo de trabajo), así que te recomendamos que esta foto la hagas con los ingresos mensuales. Los que son anuales, trimestrales o con otra periodicidad los puedes mensualizar para poder tener una foto más real de tus ingresos.

También puedes realizar tu **canvas de las finanzas personales** de forma anual, de esta forma tendrás la imagen del año y toda tu previsión de ingresos, a partir de la cual podrás tomar, posteriormente, decisiones de gasto, ahorro e inversión.

Nosotros te recomendamos hacerlo en visión mensual y así serán los ejemplos que irás viendo en el libro.

Tipos de ingresos

Para poder afinar mejor esta sección vamos a diferenciar entre tres tipos de ingresos: los fijos, los variables y los extraordinarios.

Los **ingresos fijos** son los que recibimos de forma periódica y predecible durante un periodo más o menos prolongado de tiempo. Algunos ingresos fijos que puedes contemplar son:

- La nómina.
- La pensión.
- Los alquileres.
- Subsidios y ayudas.
- Rentas vitalicias.
- Ingresos por recepción de intereses en depósitos bancarios.

Los **ingresos variables** son los que no tienen una periodicidad exacta y pueden hacer variar nuestros ingresos algunos meses. Aquí podemos incluir:

- Cobro de bonus por comisiones, incentivos u objetivos.
- Ingresos por realización de trabajos puntuales, o por ser autónomos, es decir, trabajar por cuenta propia.
- Cobro de derechos de autor (en caso de tener un curso publicado en una plataforma online o haber publicado un libro).
- Ingresos por ventas entre particulares (plataformas como Wallapop, Vinted o similares).
- Ingresos por retornos de provisiones de fondos notariales o devoluciones de impuestos.
- Ingresos por reparto de dividendos empresariales.
- Recepción de becas o subvenciones.

Los **ingresos extraordinarios** recogen aquellos que no están previstos y ocurren de forma puntual. Entre ellos podemos identificar:

- Cobrar una herencia.
- Un premio de loterías o apuestas.
- Una indemnización por accidente o por despido.
- La venta de un inmueble u otra propiedad.

¿Cómo completar la sección de ingresos?

Ten en cuenta que algunos ingresos, como pagas extras o de beneficios los tendrás que mensualizar, es decir, si, por ejemplo, María cobra una paga de beneficios de 1.200 € en marzo, en el **canvas** pondrá 100 € ($\times$ 12).

Siguiendo el ejemplo, esta podría ser la situación hipotética mensual de María:

CANVAS DE FINANZAS PERSONALES

Autor: María

Fecha:

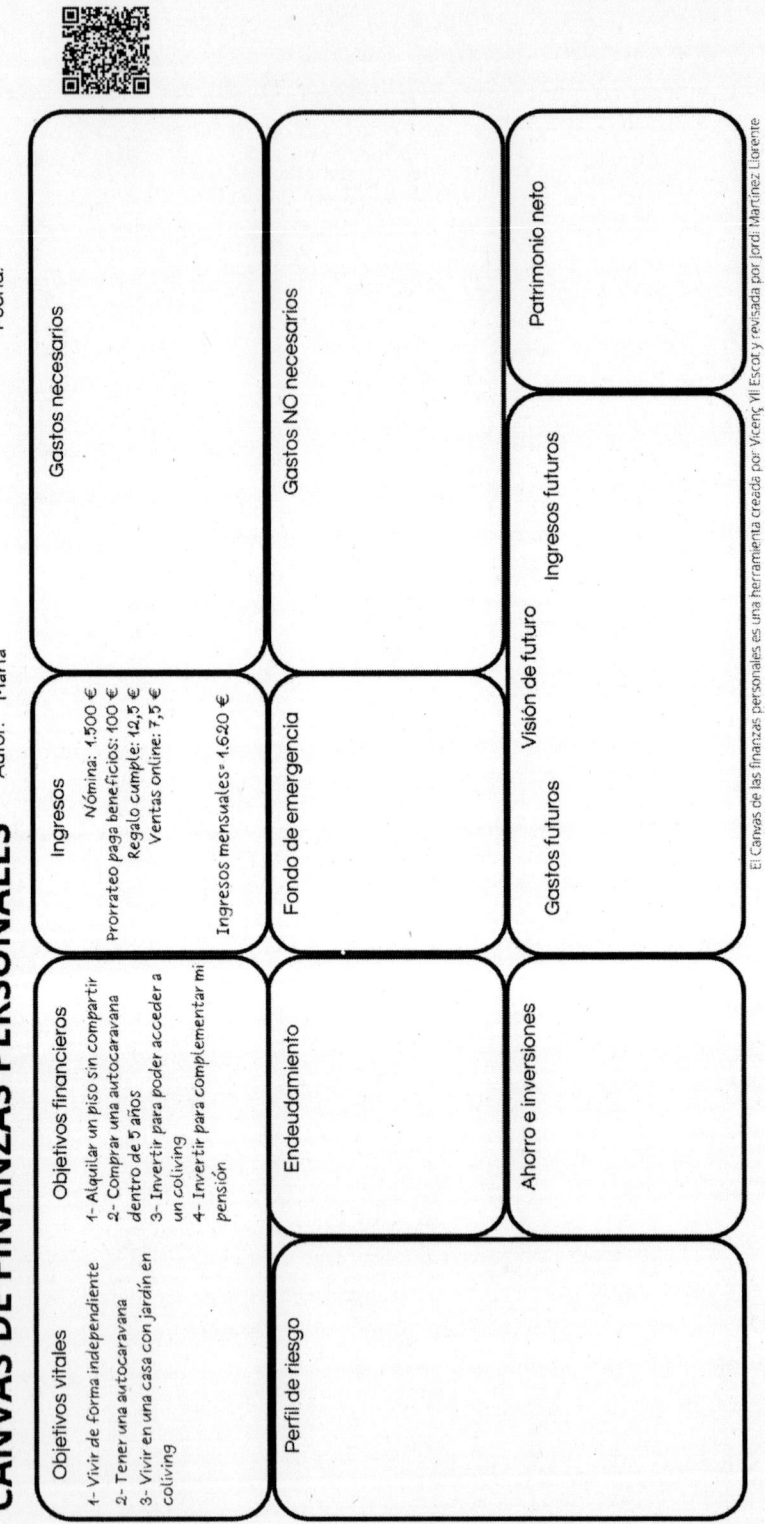

Objetivos vitales
- Vivir de forma independiente
- Tener una autocaravana
- Vivir en una casa con jardín en coliving

Objetivos financieros
1- Alquilar un piso sin compartir
2- Comprar una autocaravana dentro de 5 años
3- Invertir para poder acceder a un coliving
4- Invertir para complementar mi pensión

Ingresos
Nómina: 1.500 €
Prorrateo paga beneficios: 100 €
Regalo cumple: 12,5 €
Ventas online: 7,5 €

Ingresos mensuales= 1.620 €

Gastos necesarios

Gastos NO necesarios

Patrimonio neto

Fondo de emergencia

Visión de futuro
Gastos futuros   Ingresos futuros

Endeudamiento

Ahorro e inversiones

Perfil de riesgo

El Canvas de las finanzas personales es una herramienta creada por Vicenç Yll Escort y revisada por Jordi Martínez Llorente.

Encontrarás el ejemplo del **Canvas de finanzas personales** de Elena y Carlos en el anexo.

De forma mensual ingresa una nómina de 1.500 €, y además percibe una paga de beneficios una vez al año de 1.200 € (para mensualizar dividirá por 12 y le saldrán 100 €). Por otra parte, como hace poco ha sido su cumpleaños tiene en mente que entre su abuela y sus padres le dieron 150 € (12,5 € mensualizado) y también calcula que vende en Wallapop cosas que ya no necesita y obtiene unos 90 € al año (7,5 € mensualizado).

Ingresos mensuales totales = 1.620 €

Los ingresos nos dan buena información sobre la liquidez de la que vamos a disponer, pero no son la imagen completa ya que podría aparecer algún otro ingreso extraordinario, o también podría recurrir al endeudamiento para afrontar un gasto importante.

Recomendamos tener precaución a la hora de identificar todos tus ingresos, porque el resultado de este apartado puede dar una falsa impresión del dinero disponible. Hasta que no reflejes en el **canvas** todos los gastos no podrás hacerte a la idea de si realmente tu liquidez es elevada o no.

Hablando de gastos, es el momento de entrar en la primera de las dos secciones que tenemos en el **canvas de finanzas personales** dedicadas al gasto. Vamos a empezar por completar la fila superior, dedicada a los **gastos necesarios**.

3

LOS GASTOS NECESARIOS

Gastar: eso que se nos da tan bien

Es posible que ahorrar o invertir no se nos dé especialmente bien, pero gastar…, gastar se nos da de maravilla. Somos especialistas en incurrir en gastos y, además, vivimos en una sociedad que nos invita al consumo. Si consumimos, la economía va bien, las empresas pueden seguir produciendo, se puede contratar a más personas y la maquinaria socioeconómica que tenemos montada funciona perfectamente engrasada.

Cuando todos consumimos, los precios tienden a subir. Cuando dejamos de consumir la economía se resiente y puede entrar en lo que conocemos como recesión, y ahí las cosas se ponen duras para todos. Despidos, empobrecimiento, malestar social. Suponemos que la mayoría de vosotros habéis vivido algún periodo así y sabéis de lo que hablamos.

También podemos afirmar que esto se puede dar de bruces con la sostenibilidad, el cambio climático, la pérdida de diversidad y otros problemas globales a los que nos enfrentamos como sociedad.

Y aunque cada vez más se están planteando más alternativas al modelo económico actual e impulsando las finanzas sostenibles, no podemos dar la espalda a que la vida está organizada de esta manera y cada bien que necesito lo he de pagar, cada servicio que me dan lo he de pagar y si no, lo estoy costeando de forma indirecta, como es el caso de la sanidad pública en España, a través de las retenciones que aplican en mi nómina.

Así que tener visión de nuestros gastos es un paso indispensable para poder acercarnos al bienestar financiero. Ignorar los gastos no nos hará más felices, sino que nos llevará a tensionar nuestra salud financiera.

Pongamos conciencia a nuestros gastos

Uno de los grandes problemas es la relación que tenemos con los gastos, ya que actualmente incurrimos en un buen número de ellos de forma prácticamente inconsciente. Piensa por un momento en los que te llegan mensualmente cargados a tu cuenta corriente de forma automática:

- Alquiler o hipoteca.
- Telefonía e internet.
- Servicios de *streaming* y suscripciones online (Netflix, HBO, Disney+, Filmin, Spotify…).
- Suministros (agua, gas, electricidad…).

Piensa ahora en todas las pequeñas operaciones que pagas diariamente con tarjeta de débito o crédito:

- La compra del pan.
- Tomarte un café o un refresco en el bar.
- Sacar un producto de la máquina de vending de la oficina.
- Comprar un par de cosas que te faltan para la cena.

¿Seguimos sumando?

- El Bizum para el regalo de cumpleaños del amigo del próximo fin de semana.
- Comprar el tabaco en el estanco.
- Unas chuches para los críos.
- El cine y las palomitas.
- Aquellos libros comprados en Wallapop.

¿Seguimos sumando? Podríamos, pero puedes hacerte a la idea de que el uso de la tarjeta de débito o crédito para realizar pagos hace que nos alejemos de la relación de valor que le damos al dinero para convertirlo en un mero elemento de transacciones de productos y servicios. Sin embargo, es un elemento finito que es preciso controlar para asegurar nuestro bienestar financiero. De hecho, está más que demostrado[1] que pagar con la tarjeta o con el móvil o incluso con el reloj inteligente no nos hace percibir el sentimiento de «pérdida» que nos provoca sacar un billete de la cartera y entregárselo a otra persona, acto que sí que nos permite ser más conscientes del dinero que gastamos.

¿Cómo podemos parar esta espiral? ¿Cómo poner conciencia en los gastos para contenerlos y ganar control sobre ellos? Te proponemos que lo intentes con la técnica de *la montaña de tickets*.

Dinámica - La montaña de tickets

En la montaña de tickets te planteamos un reto muy concreto: durante el próximo mes debes guardar absolutamente todos los tickets de las compras que realices. Tanto si pagas con tarjeta como si lo haces en metálico es necesario que los conserves y los deposites en un vaso de agua (el vaso vacío por supuesto).

Al final de cada día fíjate hasta donde se ha llenado el vaso con los tickets que has guardado. Te podemos asegurar que al segundo o tercer día de estar guardando tickets tú mismo te vas a autorregular porque empezará a darte apuro la cantidad de papeles que vas depositando en el vaso. Además, no solo vas a empezar a ahorrar por el simple hecho de no llenar más el vaso, si revisas los tickets vas a detectar errores que hasta ahora te pasaban desapercibidos.

---

1. <https://www.nature.com/articles/s41598-021-83488-3>.

Pon el vaso, o los vasos, porque a lo mejor necesitarás más de uno, en un lugar que sea fácil de ver, no trates de ocultarlo sino todo lo contrario tenlo muy presente.

Al final del mes llega el momento de comprobar cuáles han sido tus gastos y cómo han evolucionado con el paso de los días y semanas. Crea una hoja de cálculo en la que puedas organizarlos por fechas y categorías. Cuando hayas completado el documento con los gastos que has ido acumulando en tu día a día debes acceder a tu banca online y añadir aquellos gastos que se hayan cargado a tu cuenta durante ese mes y de los cuales no tengas recibo físico. Durante el periodo se acumulan muchos gastos, algunos los tienes claros, pero otros van pasando desapercibidos por no ser comunes o por ser pequeños y representar un pequeño goteo. La dinámica es especialmente contundente durante la primera y la última semana del mes ya que muchos recibos mensuales nos llegan entonces.

La montaña de tickets te permite tomar el pulso de tus gastos diarios y empezar a reducirlos ya que cada vez que realizas uno te llevas el ticket. Es decir, una prueba física del gasto y aquello que es físico es más pesado de sobrellevar.

Empieza con esta dinámica y luego revisa el documento, marca aquellos gastos impulsivos como la pasta que te compraste junto con el pan (que probablemente resultó ser más cara que la propia barra de pan), o el segundo café que pediste aquel día en el bar. Marca después con otro color aquellos gastos de los que podrías haber prescindido y fíjate si el documento toma mucho color. Ahí tienes una primera imagen de gastos que no necesitas realizar en tu día a día y que te permitirían tener un mejor bienestar financiero.

También encontrarás algunos gastos que son ineludibles: los suministros, la cesta de la compra u otros. Veamos cómo representaremos los gastos en nuestro **canvas de finanzas personales**.

Los gastos necesarios

Estamos en la parte superior derecha del **canvas de finanzas personales**. En ella identificaremos los gastos que son necesarios para vivir, los anotaremos de forma mensualizada, es decir, aquellos que, por ejemplo, vengan trimestralmente los dividiremos por 3 y los anuales por 12. En este caso no se trata de pormenorizar uno a uno cada gasto, sino que podemos crear categorías para agrupar los gastos. ¿Qué tipos de gastos encontramos aquí? Vamos a continuar con el ejemplo de María para ver qué gastos necesarios tiene actualmente:

Gasto	Categoría	Importe mensual
Hipoteca o Alquiler	Vivienda	390,00 €
Seguro de moto	Seguros	16,00 €
Impuesto de circulación	Impuestos	6,00 €
Luz	Suministros	25,00 €
Agua	Suministros	10,00 €
Gas	Suministros	20,00 €
Internet y móvil	Suministros	40,00 €
Letra moto	Créditos	190,00 €
Gasolina	Combustible	40,00 €
Comida	Manutención	320,00 €
Ahorro	Ahorro	150,00 €
Total		**1.207,00 €**

En este ejemplo podemos ver que los gastos necesarios ya ascienden a 1.207 €, pese a que María comparte piso, gran parte de su nómina (que es de 1.500 €) se está destinando a gastos necesarios.

Para trasladar los datos al **canvas de finanzas personales** podemos agrupar los conceptos en categorías para simplificar la visualización. En el ejemplo de María agrupamos los gastos de modo que la tabla quedará así:

Categoría	Importe mensual
Vivienda	390,00 €
Seguros	16,00 €
Impuestos	6,00 €
Suministros	95,00 €
Créditos	190,00 €
Combustible	40,00 €
Manutención	320,00 €
Ahorro	150,00 €
	1.207,00 €

Una vez tenemos esta información la podremos pasar al área de gastos necesarios del **canvas de las finanzas personales**. Que se visualizará de la manera siguiente.

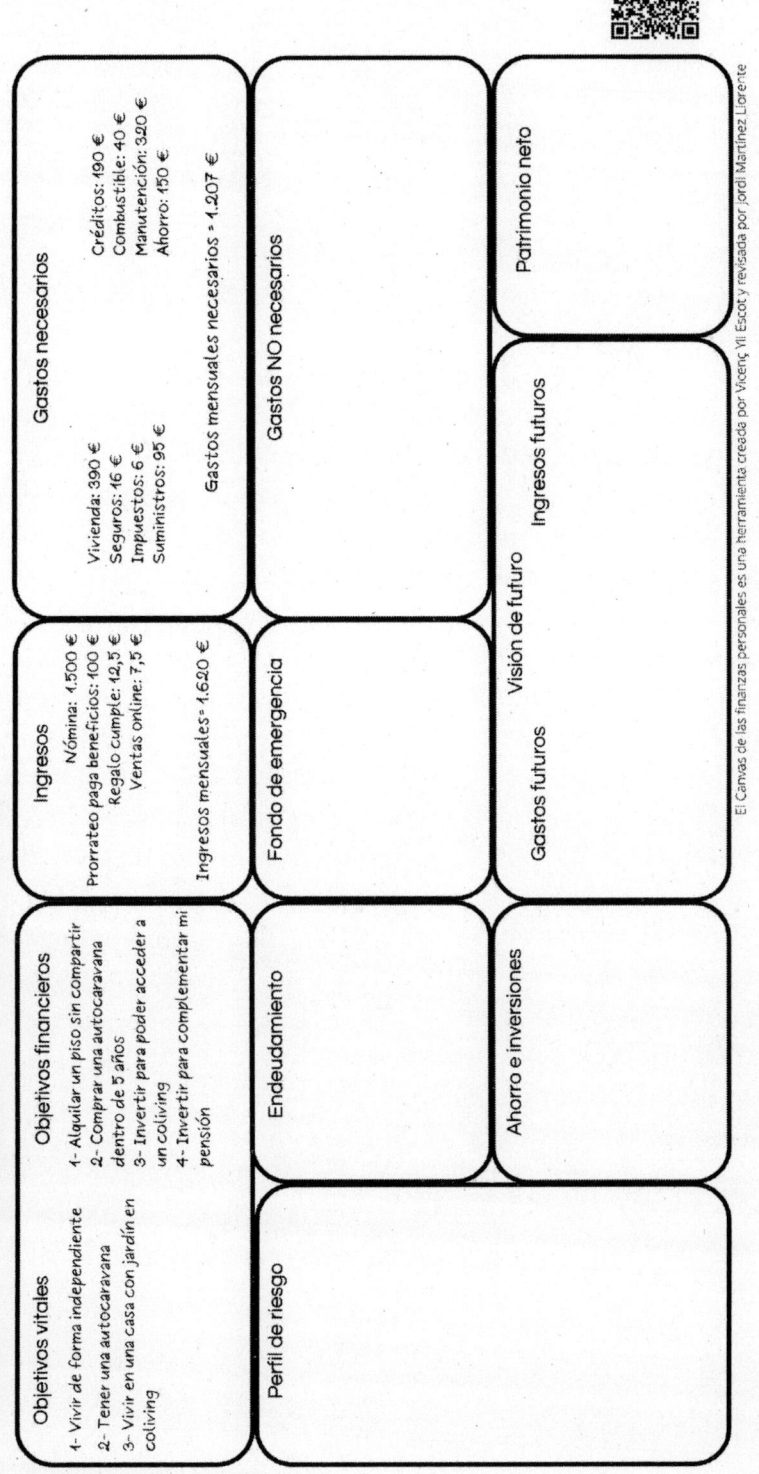

CANVAS DE FINANZAS PERSONALES

Autor: María

Fecha:

Objetivos vitales

1- Vivir de forma independiente
2- Tener una autocaravana
3- Vivir en una casa con jardín en coliving

Objetivos financieros

1- Alquilar un piso sin compartir
2- Comprar una autocaravana dentro de 5 años
3- Invertir para poder acceder a un coliving
4- Invertir para complementar mi pensión

Ingresos

Nómina: 1.500 €
Prorrateo paga beneficios: 100 €
Regalo cumple: 12,5 €
Ventas online: 7,5 €

Ingresos mensuales = 1.620 €

Gastos necesarios

Vivienda: 390 €
Seguros: 16 €
Impuestos: 6 €
Suministros: 95 €

Créditos: 190 €
Combustible: 40 €
Manutención: 320 €
Ahorro: 150 €

Gastos mensuales necesarios = 1.207 €

Gastos NO necesarios

Patrimonio neto

Fondo de emergencia

Visión de futuro

Gastos futuros

Ingresos futuros

Perfil de riesgo

Endeudamiento

Ahorro e inversiones

El Canvas de las finanzas personales es una herramienta creada por Vicenç Yll Escot y revisada por Jordi Martínez Llorente

Encontrarás el ejemplo del **Canvas de finanzas personales** de Elena y Carlos en el anexo.

El ahorro como gasto necesario

Puede ser que llame la atención que uno de los gastos necesarios que hemos incluido sea el ahorro.

Es importante para nuestro bienestar financiero que consideremos el ahorro como algo necesario, como si se tratara de «la nómina que le pagas a tu yo del futuro». Lo deberíamos considerar como un gasto fijo[2] más, por ejemplo, un 10 % o un 15 % de nuestro salario, y si este sube o baja también lo hará la cantidad que ahorraremos.

El ahorro siempre debe ser una constante, un hábito saludable que permita empezar a construir, primero un fondo de emergencia (volveremos a hablar de él en el capítulo 5), es decir una cantidad que me permita hacer frente a imprevistos. Y una vez construido el fondo de emergencia y mejorado mi bienestar financiero, empezar a planificar para el futuro.

Es aconsejable que este ahorro se realice al empezar el mes, de modo que lo primero que tengo que hacer al recibir mis ingresos es pagarme a mí mismo, el famoso PYF anglosajón, Pay Yourself First («Págate primero a ti mismo»). Si esperamos a final de mes para ahorrar lo que nos ha quedado, probablemente no ahorraremos casi nada. También es importante concretar el importe, es aconsejable que sea un porcentaje de nuestros ingresos, así cuando cobremos una paga de beneficios o una paga extra también ahorraremos una parte. Aunque también puede ser buena idea marcar un importe fijo y decidir ahorrar esas pagas extras enteras o una parte de ellas.

María prevé que dentro de un año podrá ahorrar más, pues habrá liquidado el préstamo de la moto.

Además, al considerar el ahorro como un gasto necesario lo estamos priorizando sobre otros que pueden aparecer durante el mes, de modo que evitaremos gastar ese dinero en compras impulsivas o gastos NO necesarios que puedan aparecer en nuestro día a día.

---

2. <https://www.finanzasparatodos.es/es/comollegarfindemes/presupuestopersonal/ahorroobligatorio.html>.

Todavía podemos afinar más este apartado diferenciando entre gastos necesarios fijos y gastos necesarios variables. Podríamos considerar la vivienda como un gasto fijo ya que las hipotecas o alquileres no suelen cambiar durante todo un año. Por otro lado, los créditos personales suelen tener una cuota fija, es decir, no varían durante toda la vida del crédito. Sin embargo, los suministros son variables, unos meses el consumo de luz puede subir a causa del aire acondicionado o del propio precio de la energía, y otros meses puede que suba la factura del gas al llegar el invierno. Lo mismo sucede con la manutención, no es lo mismo comprar aguacates que mandarinas, ni comprar las mandarinas en una tienda de agricultura ecológica que en el supermercado.

Siguiendo el ejemplo de María podemos ver cómo clasificar sus gastos necesarios entre fijos y variables:

Categoría	Importe mensual	Tipo de gasto necesario
Vivienda	390,00 €	Fijo
Seguros	16,00 €	Fijo
Impuestos	6,00 €	Fijo
Suministros	95,00 €	Variable
Créditos	190,00 €	Fijo
Combustible	40,00 €	Variable
Manutención	320,00 €	Variable
Ahorro	150,00 €	Fijo
	1.207,00 €	

En resumen, dividiremos el área de gastos necesarios en dos columnas: en la primera incorporamos los gastos fijos y en la segunda los variables, lo cual nos permite mejorar la visualización del área de **gastos necesarios**. En el ejemplo aparecerá de la siguiente manera:

CANVAS DE FINANZAS PERSONALES

Autor: María   **Fecha:**

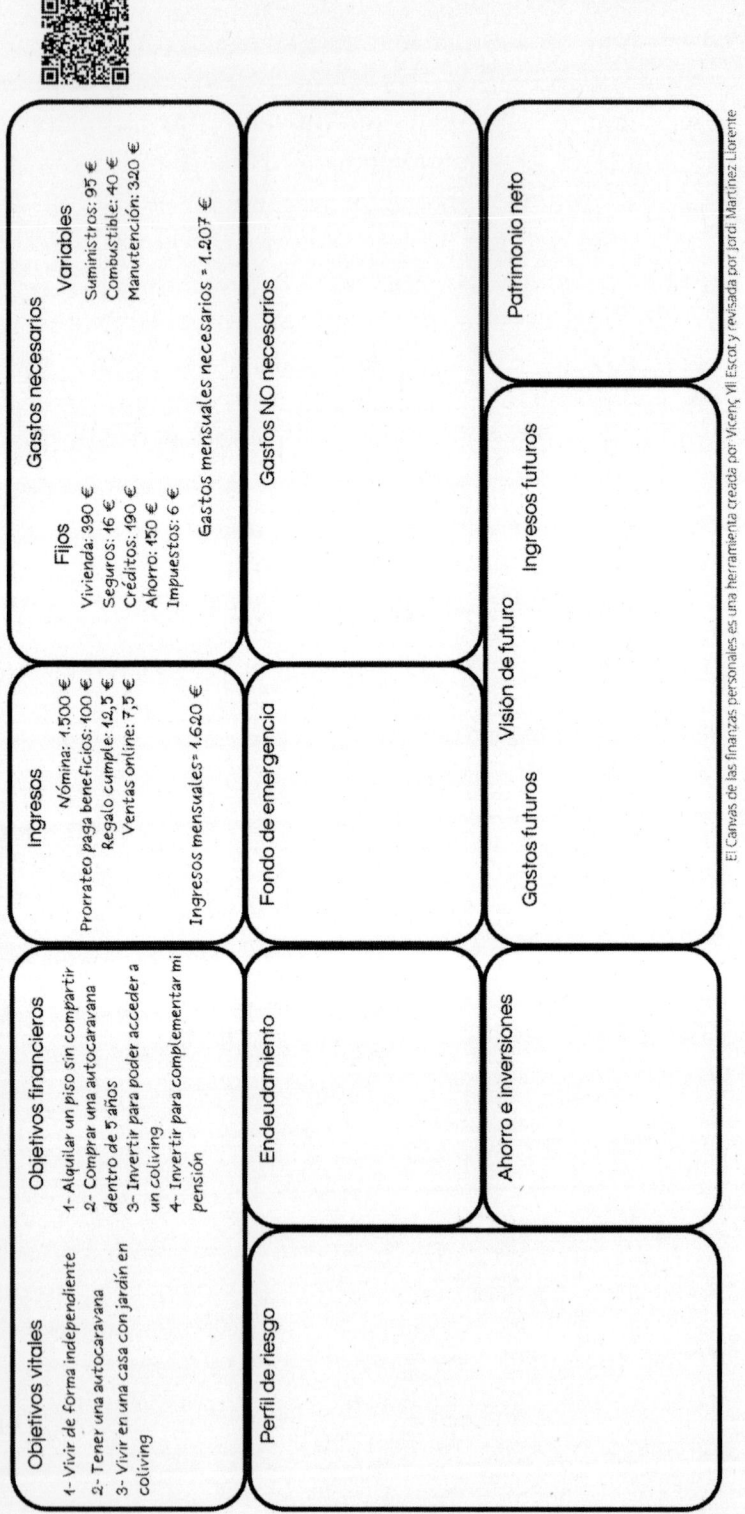

Objetivos vitales

1- Vivir de forma independiente
2- Tener una autocaravana
3- Vivir en una casa con jardín en coliving

Objetivos financieros

1- Alquilar un piso sin compartir
2- Comprar una autocaravana dentro de 5 años
3- Invertir para poder acceder a un coliving
4- Invertir para complementar mi pensión

Ingresos

Nómina: 1.500 €
Prorrateo paga beneficios: 100 €
Regalo cumple: 12,5 €
Ventas online: 7,5 €

Ingresos mensuales= 1.620 €

Gastos necesarios

Fijos
Vivienda: 390 €
Seguros: 16 €
Créditos: 490 €
Ahorro: 150 €
Impuestos: 6 €

Variables
Suministros: 95 €
Combustible: 40 €
Manutención: 320 €

Gastos mensuales necesarios = 1.207 €

Gastos NO necesarios

Patrimonio neto

Fondo de emergencia

Visión de futuro

Gastos futuros   Ingresos futuros

Endeudamiento

Ahorro e inversiones

Perfil de riesgo

El Canvas de las finanzas personales es una herramienta creada por Viceng Vil Escoi y revisada por Jordi Martínez Llorente

Encontrarás el ejemplo del **Canvas de finanzas personales de Elena y Carlos en el anexo.**

En el caso de María, los gastos necesarios fijos se agrupan en: vivienda, créditos, seguros, impuestos y ahorro. Entre los gastos necesarios variables están: los suministros, el combustible y la manutención, que pueden variar de un mes a otro.

Sobre los gastos fijos tenemos un control del gasto. En general, sabemos la cantidad necesaria cada mes para hacer frente a los mismos, o puede prorratearse en el caso de algunos impuestos como puede ser el de circulación o el de bienes inmuebles (IBI). Lo mismo puedo hacer con algunos gastos variables de suministros que podrían venir cada dos e incluso cada tres meses (el agua).

Los gastos necesarios variables funcionan como una palanca que puedo tratar de regular hasta cierto punto y así generar una oportunidad de contención. ¿De qué manera? Siendo consciente cada vez que voy a utilizarlos para aplicar el principio de reducción en algunos de ellos. En la siguiente lista vemos algunos ejemplos de cómo puedo tratar de reducir el nivel de gastos necesarios variables:

- Evitar el uso del vehículo para hacer trayectos muy cortos (no solo no consumiré combustible, sino que también haré algo de ejercicio y además contaminaré menos).
- Mantener la climatización de la vivienda a un mínimo de 25 grados en verano y un máximo de 20 en invierno.
- Evitar encender luces durante las horas diurnas.
- Ir al supermercado con una lista de la compra cerrada y ser riguroso y no comprar ningún producto extra.
- Revisar las tarifas de suministros para asegurarme de que estoy contratando la más beneficiosa para el uso que hago de gas, electricidad, agua o incluso internet.
- Comparar el precio de los productos de mi cesta de compra habitual entre distintos establecimientos.
- Comparar mi seguro con los que ofrecen otras compañías dos meses antes del vencimiento.

Los gastos necesarios variables permiten algo de gestión, pero no pierdas la cabeza porque por mucho que trates de consumir poca electricidad o gas, no podrás influir en las posibles subidas tarifarias sobre las que no tienes ningún tipo de control. En este caso, aunque pudieras ser algo más austero, el impacto en tus finanzas sería modesto.

Aprecia y agradece los gastos necesarios

Los gastos necesarios son importantes para el bienestar financiero y personal. Gracias a ellos podemos vivir en nuestro hogar, tenemos nuestras necesidades básicas cubiertas y eso nos sitúa en la posición de poder cumplir otras expectativas y objetivos vitales que nos acercarán a un mayor bienestar.

Conocer y gestionar estos gastos no tiene por objetivo renunciar a ellos, porque sin ellos nuestra vida sería mucho más difícil. Mostrarse agradecidos por tener la capacidad de hacer frente a todos estos gastos es una buena manera de integrarlos como algo natural en nuestra vida.

Ser consciente de los gastos necesarios y de que tienes un cierto control sobre ellos es un paso importante para ir equilibrando de forma sana esta parte del **canvas de finanzas personales**.

Ahora que hemos podido identificar nuestros gastos necesarios y los hemos añadido a nuestro **canvas de las finanzas personales**, podemos pasar a completar el área que está justo debajo: **los gastos NO necesarios**, con lo cual tendremos la visión completa de todos nuestros gastos.

4

LOS GASTOS *NO* NECESARIOS

Tampoco vendrá de esto

Héctor, el hermano de María, baja todos los días a comprar el pan para preparar los bocadillos de sus hijos. De la panadería siempre se lleva un par de barras y algún dulce, a Héctor le hace gracia llevarles algo a sus peques, no los verá durante el resto del día y a ellos les alegra mucho, total «a nadie le amarga un dulce». Al llegar a casa prepara los bocadillos y el desayuno de los pequeños, a él se le empieza a hacer tarde, así que decide salir para el trabajo y en el camino se compra un café con leche para llevar en un bar cercano a la estación de trenes.

El día es muy intenso así que a media mañana hace un breve descanso con un par de compañeros para tomarse una oferta de desayuno en una cafetería cercana a su oficina, más tarde, come en un bar cercano donde hacen menú y la cocina es bastante buena.

Al volver por la tarde está agotado, decide comprar unas pizzas congeladas para no tener que preocuparse mucho de la cena y poder dedicar más tiempo a estar con su pareja y colaborar en todas las tareas que quedan pendientes en la casa: lavadoras, limpieza, baños de los niños... Al llegar la noche se da cuenta de que le sobra casi una barra entera, mira la bolsa de pan donde ya ve acumuladas otras tantas que se han ido endureciendo con el paso de los días.

La rutina de Héctor hace que viva el momento presente y no se haya parado a planificar demasiado su logística familiar en lo que se refiere a los gastos rutinarios de un día laboral, pero al cabo del año son muchos días así, aproximadamente 220. Veamos en una tabla estos gastos para hacernos una idea mejor.

El día a día de Héctor	Diario	Semanal	Mensual	Anual
2 barras de pan y un par de pastas	5,00 €	25,00 €	100,00 €	1.100,00 €
Café con leche bar de la estación	1,30 €	6,50 €	26,00 €	286,00 €
Desayuno a media mañana	3,50 €	17,50 €	70,00 €	770,00 €
Menú de mediodía	11,00 €	55,00 €	220,00 €	2.420,00 €
Compra de última hora	8,00 €	40,00 €	160,00 €	1.760,00 €
Total en un día	**28,80 €**	**144,00 €**	**576,00 €**	**6.336,00 €**

Es posible que no todos los días haga una compra de última hora, pero tampoco hemos tenido en cuenta si un día queda por la tarde con los amigos para tomarse un par de cervezas, o si compra tabaco. Este ejemplo sirve para ver cómo tenemos algunos gastos que tienen que ver con disfrutar de pequeños momentos y caprichos de la vida.

Héctor podría ser más comedido en la panadería o tomar el primer café antes de salir de casa, también podría llevarse un táper que con toda seguridad le supondría menos de 11 € diarios. Podría tener planificada la cena y evitar esas compras de última hora. Sin embargo, no lo hace y al cabo del año le supone un coste de más de 6.000 €. Héctor duerme tranquilo, «un día es un día», y sin estas pequeñas cosas pues todo se nos puede hacer mucho más duro.

Héctor no se ha planteado nada de todo esto hasta que María le habla del trabajo que está haciendo con el **canvas de las finanzas personales**, el hermano se queda pensando…

¿Realmente necesitas todo eso?

A pesar de que en muchas ocasiones compramos productos o pagamos servicios que creemos que son necesarios, hemos de reconocer que a menudo se trata de una idea errónea.

Que no nos guste la programación de la televisión convencional, no convierte en necesario contratar el alquiler de servicios de una plataforma de *streaming*, o de dos o incluso de tres. Aunque nos de rabia, o pensemos que «todo el mundo lo tiene», ese gasto no se va a convertir en necesario.

Los gastos NO necesarios son aquellos de los que podemos prescindir en nuestro día a día, son gastos voluntarios ya que hemos decidido pagar por ellos, pero sin ellos nuestra supervivencia y nuestro día a día seguirán garantizados.

Completando la sección de gastos NO necesarios

Situada bajo los gastos necesarios del **canvas de las finanzas personales** se encuentra el área de gastos NO necesarios. De este modo quedan agrupados los dos tipos de gasto en la zona derecha del **canvas**.

Una vez hayamos completado esta sección tendremos toda la información necesaria para confeccionar un presupuesto personal o familiar.

Presupuesto = Control de Ingresos y Gastos

Vamos a ver cómo presentar los gastos NO necesarios en el **canvas de las finanzas personales**.

En primer lugar, debes identificar todos los gastos NO necesarios que tienes. Utiliza tu banca online para poder ver aquello que pagas con tarjeta o tienes domiciliado y se considera dentro de este concepto, por ejemplo, encontraremos:

- Plataformas de reproducción de vídeo bajo demanda: Apple TV, Netflix, Filmin, HBO, Disney+.
- Servicios de mensajería premium: Amazon Prime.
- Loterías y apuestas.
- Libros, revistas y otras publicaciones que sean para ocio.
- Tabaco y alcohol.
- Servicios de juegos online premium: PlayStation, XBox, Nintendo.
- Plataformas de música streaming: Spotify, Amazon Music.
- Plataformas de audiolibros: Audible.
- Gimnasios y otras actividades deportivas.
- Actividades de aprendizaje de ocio y cultura (por ejemplo: clases de piano).
- Mutua de salud.
- Cines, teatros y conciertos.
- Bares y restaurantes.
- Entradas a discotecas o pago de copas.
- Cafeterías.
- Joyería y complementos.
- Vacaciones y puentes.
- Segunda residencia y todos sus gastos implícitos.

Efectivamente, los gastos NO necesarios son como un gran baúl con objetos dispares en los que realmente cabe prácticamente de todo. Además, la lista puede llegar a ser abrumadora.

En este momento, podemos pasar a reflexionar sobre si alguno de estos gastos NO necesarios que hemos listado podrían considerarse en realidad como gastos necesarios. Existen personas que contemplan el gimnasio como un gasto necesario porque para ellas representa una actividad saludable que aporta beneficios físicos y emocionales. Así que ¿Dónde lo ponemos?

Está claro que todos podemos hacer ejercicio y actividad deportiva sin necesidad de ir al gimnasio, se puede salir a correr, practicar calistenia o ejercicios en parques públicos, o jugar a baloncesto o fútbol en pistas abiertas. Sin embargo, también es comprensible que para muchas personas poder ir al gimnasio es muy positivo, y otras puede ser que necesiten ir porque allí encontrarán unas máquinas específicas con las que practicar los ejercicios que les ha prescrito su médico. De este modo, pues, el gimnasio puede considerarse un gasto necesario si nos encontramos en las situaciones descritas anteriormente o en otras similares.

Las vacaciones son otro concepto que puede generar controversia. Me paso el año trabajando y cuando llega el periodo de vacaciones ¿no voy a hacerlas? ¿No voy a disfrutar de ese fin de semana romántico porque es un gasto NO necesario? Pues la respuesta es evidente. Claro que vamos a hacer esas vacaciones o salir esos fines de semana.

Que un gasto sea NO necesario no significa que debamos renunciar a él. Existen gastos NO necesarios que nos aportan mucho bienestar. ¿Los convierte eso en necesarios? Obviamente, no. Pero esto no implica que debamos renunciar a ellos. El objetivo del **canvas de las finanzas personales** y de este libro es ayudarnos a mejorar el wellness financiero, no a tener el superávit más grande posible. Buscamos el equilibrio entre organizar nuestro futuro financiero y disfrutar del día a día.

La sección de los gastos NO necesarios es el lugar que debemos revisar cuando el balance entre ingresos y gastos nos sale negativo, cuando vivimos al límite y recurrimos al crédito continuamente, cuando aparece un imprevisto y tenemos que renunciar a algo, o peor, pedir un crédito porque no tenemos fondos para hacerle frente. Es decir, el objetivo de hacer el ejercicio de identificar y diferenciar qué gastos son necesarios y cuáles no lo son no pasa por eliminar estos últimos, se trata de tener una visión clara que nos permita saber por dónde empezar, en caso de tener que recortar porque se han reducido los ingresos o porque necesito generar más ahorro.

Siempre que tengamos que hacer un ejercicio de contención del gasto deberemos mirar abajo a la derecha en nuestro **canvas de las finanzas personales** para ver cuáles son los gastos NO necesarios de los que podamos prescindir o reducir.

Para detallarlos mejor, los gastos NO necesarios también los podemos dividir entre fijos y variables. Además, en este caso, si el espacio nos lo permite, es mejor no categorizarlos para poder afinar más en el momento de actuar sobre ellos. En el caso de María quedaría así:

Gasto	Importe mensual	Tipo de gasto
Spotify	10,00 €	Fijo
Amazon	5,00 €	Fijo
Cafés	45,00 €	Variable
Vacaciones	80,00 €	Variable
Gimnasio	20,00 €	Fijo
Clases de piano	50,00 €	Fijo
Bares y restaurantes	100,00 €	Variable
Libros	20,00 €	Variable
Cine	10,00 €	Variable
Discoteca + copas	40,00 €	Variable
Conciertos	20,00 €	Variable
Total	**400 €**	

Y en el **canvas de las finanzas personales** se visualiza de la siguiente forma.

CANVAS DE FINANZAS PERSONALES

Autor: María

Fecha:

Objetivos vitales

1- Vivir de forma independiente
2- Tener una autocaravana
3- Vivir en una casa con jardín en coliving

Objetivos financieros

1- Alquilar un piso sin compartir
2- Comprar una autocaravana dentro de 5 años
3- Invertir para poder acceder a un coliving
4- Invertir para complementar mi pensión

Ingresos

Nómina: 1.500 €
Prorrateo paga beneficios: 100 €
Regalo cumple: 12,5 €
Ventas online: 7,5 €

Ingresos mensuales = 1.620 €

Gastos necesarios

Fijos

Vivienda: 390 €
Seguros: 16 €
Créditos: 190 €
Ahorro: 150 €
Impuestos: 6 €

Variables

Suministros: 95 €
Combustible: 40 €
Manutención: 320 €

Gastos mensuales necesarios = 1.207 €

Gastos NO necesarios

Fijos

Spotify: 10 €
Amazon: 5 €
Gimnasio: 20 €
Clases piano: 50 €

Variables

Cafés: 45 €
Vacaciones: 80 €
Bares y restaurantes: 100 €
Libros: 20 €
Cine: 10 €
Discoteca y copas: 40 €
Conciertos: 20 €

Gastos mensuales NO necesarios = 400 €

Fondo de emergencia

Endeudamiento

Perfil de riesgo

Visión de futuro

Gastos futuros

Ingresos futuros

Patrimonio neto

Ahorro e inversiones

El Canvas de las finanzas personales es una herramienta creada por Vicenç Yll Escot y revisada por Jordi Martínez Llorente

Encontrarás el ejemplo del **Canvas de finanzas personales** de Elena y Carlos en el anexo.

El apartado de gastos NO necesarios queda dividido en dos columnas. A la izquierda podemos ver los gastos fijos de María: Spotify, el servicio Amazon Prime que lo ha prorrateado entre los 12 meses, el gimnasio y las clases de piano.

En la columna derecha hemos anotado los gastos NO necesarios variables de María, aquí podemos ver que también hemos hecho el prorrateo de los costes de las vacaciones entre los 12 meses y hemos anotado el gasto mensual en restaurantes y cafeterías. Finalmente, hemos añadido otros gastos de María como son las salidas al cine y lo que suele gastar en conciertos y discotecas.

Al finalizar el listado y sumar todos los gastos NO necesarios mensuales nos da la cifra de 400 €. Si le sumamos sus gastos necesarios de 1.207 € suma un total de 1.607 € gastados al finalizar el mes. Eso quiere decir que si en la cuenta de María no hubiera más dinero, a final de mes quedarían 13 €. ¡Si lo vemos de forma optimista es un pequeño superávit!

Sin duda alguna, el mejor de los escenarios es que cuando restemos todos los gastos a nuestros ingresos el resultado sea positivo. Es decir, generemos superávit o ahorro. En caso contrario, si tuviéramos déficit, acabaríamos gastando nuestros ahorros o endeudándonos, con lo que ello supone para nuestro bienestar financiero.

Dinámica - 21 días sin gastos NO necesarios

Los gastos NO necesarios son una tipología de gasto sobre la que podemos ejercer un control mucho más directo que sobre los necesarios. ¿Qué tipo de control sería recomendable para alcanzar nuestro bienestar financiero?

Te proponemos que lleves a cabo el **Reto de los 21 días sin gastos NO necesarios**.

Fue en 1887 cuando, en su artículo «El Hábito»,[1] el psicólogo William James hizo referencia a la idea de los 21 días como la magnitud de tiempo necesaria para que una persona integre una práctica como hábito. Desde entonces han corrido ríos de tinta y se han hecho multitud de experimentos e incluso programas de televisión centrándose en el reto de los 21 días para fijar un determinado hábito.

A estas alturas, seguro que ya te imaginas el tipo de desafío que vamos a proponerte y que deberás mantener durante 21 días.

¿Cómo funciona el desafío?

El reto consiste en tratar de evitar los gastos NO necesarios durante 21 días. Para ello es importante que llevemos una libreta, un bloc de notas o una aplicación para tomar notas encima. Cada vez que evitamos un gasto NO necesario anotaremos el concepto y el importe que hayamos dejado de gastar. Si en algún momento olvidamos el reto o nos supera el impulso de hacer ese gasto NO necesario, también deberemos apuntarlo, esta vez utilizando otro color.

En un calendario de pared tacha el recuadro de cada día que avances en el reto con una cruz bien visible. Pon el calendario en un lugar donde puedas verlo fácilmente para que te sirva como motivación para continuar el desafío.

Este es un ejemplo ilustrativo de calendario con el reto completo para que te hagas una idea visual de lo mucho que llegará a representar el reto al cabo del mes.

---

1. James, W. (1890), *The principles of psychology*, Henry Holt and Company.

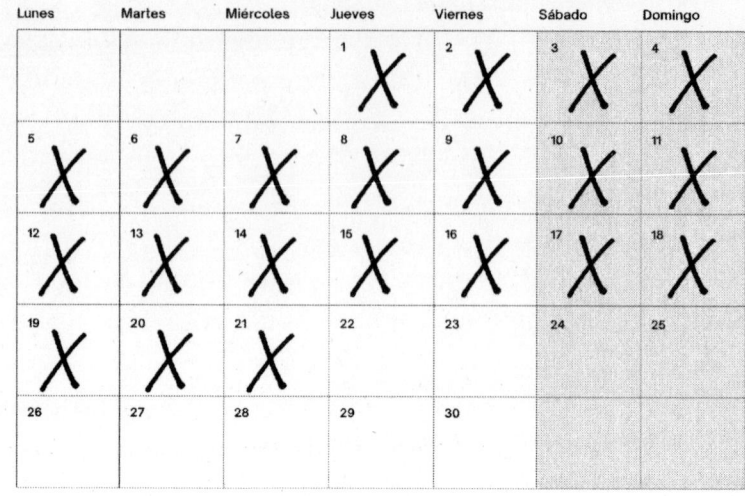

Al final de cada semana haremos una revisión de los gastos NO necesarios que hayamos evitado y también de los que nos hayamos saltado. Esto nos ayudará a hacernos una mejor idea de los resultados y nos servirá también como aliciente para continuar el reto.

Si la primera semana conseguimos reducir notablemente el dinero destinado a gastos NO necesarios, probablemente completaremos el reto con éxito y muy buenos resultados. Pero si sucumbimos a la tentación de seguir gastando, el hábito de ir anotando los gastos NO necesarios nos servirá para darnos cuenta de todo aquello que pagamos en busca de satisfacer un momento de deseo, un capricho o la sensación de sentirnos mejor realizando el gasto que si no lo hiciéramos.

¿Qué pasará al final de los 21 días?

Este reto nos demostrará que es realmente difícil evitar todos los gastos NO necesarios. Lo más probable es que consigamos recortar algunas compras impulsivas, pero que haya otras que no logremos evitar: quizá nos sabrá mal no tomarnos un café, quizá logremos no gastar nada en las compras de la calle, pero durante los 21 días seguramente habremos continuado consumiendo series y películas de alguna plataforma digital, o quizá no podremos renunciar a aquella oferta tan buena de aquellos zapatos que siempre hemos querido tener. Vivimos en una sociedad en la que el consumo es algo que está mayoritariamente bien visto y se fomenta activamente, y por ello será muy difícil eliminarlo de nuestra ecuación.

Pero si durante los 21 días conseguimos evitar cualquier tipo de impulso y no caemos en ningún gasto NO necesario nos pasarán dos cosas importantes:

- Tendremos más dinero en nuestra cuenta corriente y esto nos permitirá ahorrar o invertirlo para acercarnos a nuestras metas vitales.
- Pasaremos a ser más precavidos en la toma de decisiones cada vez que tengamos que comprar algo y podremos resistir mejor las compras impulsivas.

Y un premio extra: habremos dado un paso de gigante hacia el anhelado bienestar financiero.

Una vez conocemos nuestros gastos NO necesarios y tras haber visto una técnica que nos ayudará a racionalizarlos, llega el momento de asegurarnos de que disponemos de un fondo para hacer frente a posibles emergencias financieras que pueden sucedernos en nuestro día a día. Así que pasaremos al área central del **canvas de las finanzas personales** para averiguar qué es y cómo estructurar **el fondo de emergencia**.

5
EL FONDO DE EMERGENCIA

La fábula del viaje soñado

Angelita y Antonio, los padres de María, siempre han querido ir a Japón y han estado prácticamente dos años ahorrando para hacer el viaje de sus sueños. Lo han hecho con mucho esfuerzo, reservando una parte de su sueldo cada mes y guardando en una hucha física el cambio que han ido recibiendo al hacer las compras cotidianas. Llevan años planeando el viaje, así que lo tienen todo completamente preparado. Conocen los lugares que quieren visitar: ciudades, museos, templos, barrios, balnearios y tienen muchas ganas de ir a los mercados y restaurantes que les han recomendado unos amigos.

Un par de días antes de comprar los pasajes para el vuelo, Antonio sufre un accidente de coche. Por fortuna él está bien, pero el coche ya estaba bastante viejo y la compañía de seguros determina que es un siniestro total ya que el coste de la reparación es superior al del vehículo.

Ahora Angelita y Antonio se encuentran en un aprieto. Necesitan un coche para el trabajo y sus desplazamientos. A pesar de que el seguro les da un pequeño importe como tasación de su vehículo siniestrado, este es insuficiente para comprar el que necesitan. Lo peor es que no tenían nada ahorrado por si se daba una situación así.

El único dinero con el que cuentan es el que tenían para ir a Japón. Casi 8.000 € para hacer realidad el viaje de sus sueños. Pero utilizando esos 8.000 €, más el importe que les entregará la aseguradora, lo único que podrán hacer es comprarse el coche que necesitan.

Así que Angelita y Antonio renuncian a su viaje soñado y compran el coche. De todos modos, deciden que seguirán ahorrando y en un par de años viajarán a Japón... o no, ya se verá. Cruzarán los dedos para que no surja ningún otro imprevisto.

En esta pequeña historia podemos ver que los padres de María han tenido que dedicar sus ahorros a hacer frente a un fin completamente inesperado y además costoso. Quizá, si hubieran tenido la previsión de destinar parte de sus ingresos a crear un fondo para hacer frente a este tipo de situaciones, podrían haber realizado su viaje soñado.

Seguro que tú también tienes sueños o deseos que te gustaría hacer realidad, pero el día a día no te permite afrontarlos y cuando tratas de ahorrar van surgiendo diferentes imprevistos que hacen que debas renunciar o posponerlos. Es posible que no hayas considerado la posibilidad de que en primer lugar hay que generar un fondo que te permita poder hacer frente a los imprevistos que pueden suceder en el día a día.

El fondo de emergencia como instrumento de previsión

Cuando nos centramos en el wellness financiero hemos de entender que nuestra forma de relacionarnos con las finanzas y la vida consiste en equilibrar nuestros ingresos con nuestros gastos y, al mismo tiempo, tener capacidad para prepararnos ante los cambios y nuevas circunstancias que se irán planteando a lo largo de los años. Se trata de la previsión.

En la zona central del **canvas de las finanzas personales** vamos a ubicar la zona que nos informará acerca de nuestra capacidad para hacer frente a situaciones imprevistas o graves a través de la representación de nuestro fondo de emergencia.

Se puede considerar que el fondo de emergencia es la primera etapa de nuestro ahorro, aquella que nos permitirá preparar un colchón que nos ayudará a mantener nuestro estilo de vida cuando las cosas cambien. Pero es un ahorro particular, porque sabemos que puede ser que tengamos que recurrir a él en cualquier momento. Por este motivo podemos decir que tiene algunas características especiales:

- Debe estar separado de nuestro dinero para el día a día.
- Es importante que lo tengamos en un producto que nos permita disponer del dinero de manera inmediata (de lo contrario no podremos usarlo para imprevistos de urgencia).
- Ha de posibilitar que podamos hacer frente a nuestros gastos necesarios durante un plazo de 3 a 6 meses.
- Tiene que ir actualizándose a lo largo del tiempo para adaptarse a la inflación y a nuestro nivel de gastos necesarios de cada momento.

Esta sí, esta no

Como su nombre indica, el fondo de emergencia tiene como propósito ayudarnos a hacer frente a imprevistos y situaciones de gravedad en el momento en que ocurran. Esto implica que no podemos recurrir a él ante cualquier pequeño contratiempo. Si un mes no tenemos suficiente dinero para ir al teatro o al concierto de aquel grupo que tanto nos gusta, pues sencillamente deberemos aprender a renunciar y no meter la mano en nuestro fondo de emergencia. De esta manera, el día que tengamos un imprevisto como una avería de la lavadora, la rotura de las gafas, o un problema grave como una urgencia real ante un accidente, un viaje inesperado para visitar a un familiar enfermo, la pérdida de empleo o algo así, sí que podremos afrontar el gasto utilizando nuestras reservas del fondo de emergencia.

De este modo, podemos ver que una vez constituido este fondo nos encontramos en una situación más próxima al bienestar financiero ya que implica que: tenemos equilibrados nuestros ingresos con los gastos, que dentro de los gastos necesarios hemos introducido el concepto del ahorro y que tenemos un capital reservado para hacer frente a contingencias que nos permitirá mantener nuestro estilo de vida durante unos meses.

Dinámica - El pastel a porciones

Te proponemos una dinámica que puedes seguir hasta construir de forma completa tu fondo de emergencia. Para empezar, vamos a suponer que María no tiene ninguna cantidad acumulada para hacer frente a imprevistos. Ella ha leído este libro, pero se le hace una montaña reunir una reserva que suponga tres veces sus gastos necesarios, o lo que es lo mismo: 3.621 € (1.207 € × 3).

María tiene un gasto fijo destinado al ahorro de 150 €, pero ese ahorro lo tenía pensado para la fianza del piso y para la futura autocaravana… Si destina esos 150 € a crear el fondo de emergencia necesitará 24 meses para conseguir la cantidad completa. Además, al no poder invertirla no puede esperar que ese dinero le genere beneficios que le acerquen al objetivo más rápidamente. Así que, ¿cómo puede organizar el fondo de emergencia sin renunciar a su ahorro a futuro? ¿Puede hacer algo para no estar dos años para conseguirlo?

Realmente, es recomendable no tratar de comernos este pastel de una sola vez ya que corremos el riesgo de atragantarnos. Pero quizá es posible empezar por una porción grande y luego ir reduciendo el tamaño de las siguientes. Veamos cómo podríamos hacerlo a través de este ejercicio llamado «el pastel a porciones».

Te proponemos que sigas este reto para poder organizar tu ahorro de forma más rápida y seguir en la búsqueda de tu bienestar financiero. Veamos cómo superar el reto con el ejemplo de María.

1. **EL PRIMER ESPRINT**: El primer esprint tiene por objetivo cubrir el equivalente a la mitad del fondo de emergencia y María va a tratar de lograrlo en menos de 9 meses. Para esto lo que hará será:

Acción	Ingreso en el fondo de emergencia	Importe pendiente para completar el fondo de emergencia
Inicialmente no dispone de fondo de emergencia	0 €	3.621 €
Dedicar los 150 € de ahorro mensual	150 € x 9 = 1.350 €	2.271 €
Destinar el 50 % de la paga de beneficios	600 €	1.671 €

Como vemos, en solo nueve meses María ha podido crear un fondo de emergencia de 1.950 € mediante el uso del ahorro periódico y de parte de los ingresos extraordinarios. Asimismo, tenía otras opciones:

- Destinar directamente la totalidad de la paga de beneficios.
- Destinar también el dinero que le dan sus padres y su abuela para su cumpleaños.
- Reducir algún gasto no necesario para incrementar puntualmente el ahorro.

En el caso de las personas con nómina, la recomendación será destinar el ahorro periódico o también los ingresos extraordinarios como ha hecho María:

- Destina, si dispones de ellas, el importe de tus dos pagas extras para el fondo de emergencia de forma que asegures tener dos mensualidades destinadas durante el primer año (sabemos que algunas personas pueden tener más pagas extras o, por el contrario, no tener ninguna).
- Destina la posible devolución de la renta que puedas obtener al fondo de emergencia hasta completarlo.

Una vez hemos logrado reunir más del 50 % del fondo de emergencia entramos en la segunda porción del pastel. Nuestra recomendación es que sigas ahorrando para completar el fondo antes de ahorrar para otros menesteres, pero sabemos que a veces necesitamos una motivación extra. Solo en el caso que veas que es así y que necesitas ver ya más cerca otros objetivos vitales, te proponemos afrontar la segunda mitad de esta dinámica de manera un poco más relajada a fin de permitir el crecimiento de otros ahorros destinados a objetivos distintos a la creación del fondo de emergencia.

2. **DIVERSIFICANDO EL AHORRO:** En el caso de María, ya tiene el objetivo a su alcance, se centrará los próximos meses a seguir construyendo el fondo de emergencia pero ya con la vista puesta a poder, en breve, destinar parte del ahorro a otros objetivos financieros que se ha propuesto.

Durante los primeros nueve meses, María ha ahorrado 1.950 €
y solo le faltan 1.671 € para conseguir la cifra de su fondo de
emergencia, suponiendo que sus gastos necesarios sigan siendo
los mismos. Para eso decide hacer lo siguiente:

Acción	Ingreso en el fondo de emergencia	Importe pendiente para completar el fondo de emergencia
Capital pendiente	0 €	1.671 €
6 meses destinando 150 € de ahorro mensual al fondo de emergencia (150 € x 6 meses)	150 x 6 = 900 €	771 €
Dedicar el dinero que usaba para pagar el préstamo de la moto durante 4 meses	190 x 4 =760	11 €

El esfuerzo de María dedicado al fondo de emergencia ha re-
querido un tiempo menor. Por un lado, ha destinado los 150 € que
ya estaba ahorrando al fondo de emergencia. Además, desde
hace 4 meses también ahorra lo que pagaba por el préstamo
de la moto una vez cancelado. De esta manera María ha necesi-
tado 15 meses para crear su fondo de emergencia. Es cierto que
en el ejemplo faltan 11 €, pero estamos seguros de que María encontrará la manera de añadir ese dinero con tal de saber que ha
logrado su objetivo.

María entiende que es muy importante disponer de un fondo
de emergencia y ha priorizado durante 15 meses su creación.
Nosotros te recomendamos que, en la medida que te sea posible, hagas lo mismo si no dispones de un dinero guardado para

las emergencias. Puedes pensar de la siguiente forma: el fondo de emergencia me permitirá tener un mejor bienestar financiero, especialmente cuando se presenten imprevistos que deba afrontar económicamente con urgencia.

Como hemos dicho antes lo más sensato es destinar todo el ahorro para el fondo de emergencia hasta completar el importe que nos hayamos marcado.

Completando la sección del fondo de emergencia

Para completar la sección del fondo de emergencia te proponemos rellenarlo de la manera siguiente: en primer lugar, en la parte superior añadiremos el objetivo a alcanzar; en el ejemplo de María se trata del importe equivalente a 3 meses de sus gastos necesarios, es decir, 3.621 €.

Una vez tengamos el objetivo determinado, añadiremos el importe que hayamos reunido hasta la fecha con la etiqueta «Actual», en el caso de María, ella no conocía el concepto de fondo de emergencia por lo que no tenía nada ahorrado, es decir, 0 €.

Finalmente apuntaremos la cantidad que queremos acumular al finalizar cada periodo. En el ejemplo, a la lista la hemos llamado «primer año» y «segundo año». Es posible que en un año tengas todo el dinero necesario, pero también podría ocurrir que pasen periodos más largos. Como hemos visto en el ejemplo, María lo podría haber tenido un poco antes, pero ha preferido organizarlo para empezar a destinar ahorro a otros propósitos. Vamos a ver cómo queda reflejado en su **canvas de finanzas personales**.

CANVAS DE FINANZAS PERSONALES

Autor: María

Fecha:

Objetivos vitales

1- Vivir de forma independiente
2- Tener una autocaravana
3- Vivir en una casa con jardín en coliving

Objetivos financieros

1- Alquilar un piso sin compartir
2- Comprar una autocaravana dentro de 5 años
3- Invertir para poder acceder a un coliving
4- Invertir para complementar mi pensión

Ingresos

Nómina: 1.500 €
Prorrateo paga beneficios: 100 €
Regalo cumple: 12,5 €
Ventas online: 7,5 €

Ingresos mensuales = 1.620 €

Gastos necesarios

Fijos

Vivienda: 390 €
Seguros: 16 €
Créditos: 190 €
Ahorro: 450 €
Impuestos: 6 €

Variables

Suministros: 95 €
Combustible: 40 €
Manutención: 320 €

Gastos mensuales necesarios = 1.207 €

Gastos NO necesarios

Fijos

Spotify: 10 €
Amazon: 5 €
Gimnasio: 20 €
Clases piano: 50 €

Variables

Cafés: 45 €
Vacaciones: 80 €
Bares y restaurantes: 100 €
Libros: 20 €
Cine: 10 €
Discoteca y copas: 40 €
Conciertos: 20 €

Gastos mensuales NO necesarios = 400 €

Fondo de emergencia

Objetivo: 3.624 €
Actual: 0 €
Primer año: 1.950 €
Segundo año: 3.624 €

Fondo de emergencia construido en 15 meses

Visión de futuro

Gastos futuros

Ingresos futuros

Perfil de riesgo

Endeudamiento

Ahorro e inversiones

Patrimonio neto

El Canvas de las finanzas personales es una herramienta creada por Vicenç Yll Escot y revisada por Jordi Martínez Llorente

Encontrarás el ejemplo del **Canvas de finanzas personales** de Elena y Carlos en el anexo.

María ha proyectado construir su fondo de emergencia en 15 meses, al cabo de los cuales dispondrá del importe planificado para hacer frente a problemas que puedan surgir.

Una vez tengamos construido el fondo de emergencia, lo único que tenemos que hacer es actualizar la cantidad al ritmo que cambien nuestros gastos necesarios, pero añadir estos importes una vez ya hayamos construido la reserva de emergencia es mucho más sencillo y supone un esfuerzo mucho menor para nuestras finanzas cotidianas.

Recuerda que cada vez que uses el fondo de emergencia tu objetivo será volver a alcanzar la cifra deseada. Hablamos de 3 a 6 meses de gastos necesarios, dado que es lo que se suele calcular que tardaremos en rehacer nuestra vida en caso de un imprevisto grave, pero esto es muy personal y quizá con 3 meses te sientes ya confortable, o quizá para estar bien necesitas un colchón de 12 meses. Lo importante es que dispongas de él y que te dé la suficientemente tranquilidad, no olvidemos que esto va de bienestar financiero y el fondo de emergencia es seguramente un punto clave para conseguirlo.

También puede ayudarnos a sentir esa tranquilidad disponer de un seguro. Por ejemplo, si sufro por si me pasa algo y no tengo un fondo de emergencia para mi familia, quizá mientras lo estoy construyendo puedo contratar un seguro de vida, o si mi mayor preocupación es quedarme sin trabajo puedo optar por uno de desempleo.

Es el momento de pasar a la sección que se encuentra justo a la izquierda del fondo de emergencia, el **endeudamiento**, algo muy presente en el día a día para la mayoría de nosotros y que nos obliga a tenerlo muy en cuenta en el **canvas de las finanzas personales**.

6

ENDEUDAMIENTO

La deuda, ese fantasma
que la mayoría tenemos en casa

La forma de vida occidental nos ha inculcado durante mucho tiempo que en nuestro desarrollo y paso por las distintas etapas de la vida es necesario disponer de un empleo estable, un hogar en propiedad y una familia con la que compartir nuestra existencia, y así perpetuar el futuro de la especie y de la sociedad tal y como la conocemos.

En la actualidad, el concepto de familia se ha atomizado y ahora hay familias monoparentales, familias clásicas, familias poliamorosas y seguramente otras opciones que tampoco son el tema de este libro.

El concepto de empleo estable es más una idea que una realidad. De hecho, en España todavía hay un gran grupo de personas que se aferran al ideal del empleo estable y van a la caza de ganar una oposición, pero aquellos que están en el sector privado saben que, lamentablemente, la idea de estabilidad laboral hace mucho que se esfumó.

Y la idea de hogar en propiedad también está en crisis. A día de hoy muchas personas no quieren tener un piso o casa en propiedad porque saben que en cualquier momento pueden marcharse del lugar en el que residen e irse en busca de un futuro mejor a otro lugar. Otras personas ni siquiera se lo plantean dados los precios de la vivienda y el importe de sus salarios. Además, en algunos lugares puede ser más interesante vivir de alquiler y destinar más dinero al ahorro que tener una propiedad.

Pero si estás leyendo este libro es muy probable que, hoy en día, tengas algún tipo de deuda. El 57% de los hogares españoles están endeudados,[1] según la encuesta financiera de las familias realizada por el Banco de España en 2020. Puedes haber solicitado un préstamo hipotecario para un inmueble, o quizá has pedido un crédito para afrontar una reforma o adquirir un vehículo. También podrías haber acudido a créditos por temas médicos (prótesis dentales, por ejemplo, o cirugías privadas), o para comprar electrodomésticos o cosas más mundanas, como pagar una cena con la tarjeta de crédito que, pese a no tener la formalidad de un préstamo, en caso de aplazar la compra no deja de ser una forma de endeudamiento con coste asociado. En resumen, existen multitud de compras que pueden realizarse a crédito y nos van a suponer un incremento en nuestros gastos fijos durante un tiempo determinado.

En este apartado del **canvas de las finanzas personales** vamos a poder visualizar nuestras deudas de forma que nos dará un horizonte temporal de cuándo vencen y, por tanto, nuestra situación financiera cambiará.

Endeudamiento. Límite y posibilidad

Endeudarse es algo que se hace continuamente, a veces razonablemente. Muchas empresas no serían capaces de acometer proyectos de una envergadura determinada sin endeudarse previamente. La mayoría de las personas no pueden adquirir un inmueble sin acudir a un préstamo hipotecario. A veces de forma poco sensata, para adquirir cosas que no necesitamos o que nos hacen entrar en una deriva de gastos que pueden destrozar nuestra planificación financiera y, lo peor, nuestra vida personal.

---

1. <https://www.bde.es/f/webbde/SES/Secciones/Publicaciones/InformesBoletines Revistas/ArticulosAnaliticos/22/T3/Fich/be2203-art21.pdf>.

A veces, el endeudamiento nos abre la puerta a poder afrontar proyectos que serían imposibles de realizar sin él y otras echan por tierra nuestra economía personal o familiar.

Un endeudamiento ideal sería el que nos permite, por ejemplo, comprar la vivienda que queríamos y sustituir el gasto del alquiler, o en el ejemplo de María podría ser comprarse la moto para llegar al trabajo en un polígono mal comunicado. Es decir, pide un crédito que le generará ingresos y le ayuda a ser más eficiente con su tiempo.

Pero no siempre se da esta situación. De hecho, probablemente son pocas las ocasiones en que nos endeudamos para poder obtener mayores ingresos. Lo más probable es que acudamos a solicitar créditos para adquirir bienes o servicios que nos resulta muy difícil pagar directamente.

Malestar financiero a causa de la deuda

En el **canvas de las finanzas personales** la sección que pertenece al endeudamiento nos indicará con claridad si tenemos más o menos exposición al malestar financiero. Hay que recordar lo que comentábamos al inicio del libro: el malestar financiero puede impactar en nuestra salud y en nuestro estado emocional. Así que una mayor deuda, una que nos suponga un problema, nos acarreará problemas emocionales y físicos.

El concepto de bienestar está estrechamente vinculado en sus diferentes dimensiones: financiera, emocional y física o fisiológica. No podemos centrarnos en una única dimensión y dejar de lado las otras, porque tarde o temprano aparecerá malestar de algún tipo. Por tanto, hay que entender el bienestar como una unidad que funciona como un triángulo en equilibrio.

El Triángulo del Bienestar

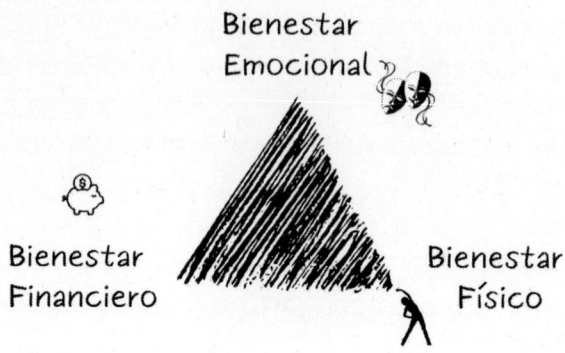

Bienestar
Emocional

Bienestar
Financiero

Bienestar
Físico

Si no estoy bien emocionalmente es posible que mi salud falle y no preste la atención necesaria a las decisiones financieras que más me convienen. Si mi salud falla, mi bienestar emocional y financiero se pueden resentir, y si mi bienestar financiero es inestable, mi bienestar emocional y físico pueden deteriorarse, como ya vimos al principio del libro.

Por este motivo, es importante cuidar todas las áreas del bienestar para poder vivir una vida lo más plácida y equilibrada posible.

Si queremos mantener el bienestar financiero es muy importante cuidar nuestro nivel de deuda. Por ejemplo: muchas personas nos hipotecamos. Una hipoteca suele ser una deuda elevada que hemos contraído con una entidad financiera, un compromiso a largo plazo que hará que mensualmente tenga que devolver en forma de cuota una parte del préstamo a 25, 30 e incluso más años.

Además, una hipoteca puede tener el tipo de interés fijo o variable. En el caso del interés fijo, vamos a saber en todo momento el importe de la cuota a pagar. Sin embargo, las hipotecas variables pueden fluctuar, a veces notablemente, en cada revisión periódica, las hipotecas variables pueden producir mayor incertidumbre y, probablemente, mayor ansiedad, especialmente si el índice al que se ha referenciado sube (un índice de referencia común es el euribor).

Elegir entre una hipoteca fija o variable depende de cada uno. La principal ventaja de las hipotecas variables es que suelen ser más baratas y la de las fijas que nos será más fácil planificar nuestra economía personal, puesto que sabemos lo que vamos a pagar cada mes. Existe una vía intermedia que son las hipotecas mixtas, las menos contratadas pero que pueden tener mucho sentido. Por ejemplo, podríamos pedir una hipoteca a 30 años en la que los primeros 10 fueran a tipo fijo y los 20 restantes a tipo variable. Si prevemos que nuestra situación financiera será mejor dentro de 10 años, o que a causa de la inflación nuestro salario habrá subido, puede que no nos importe que la cuota pueda variar en un futuro tan lejano.

Además de las hipotecas podemos pedir préstamos personales, por ejemplo, para una reforma, para la adquisición de un vehículo e incluso para comprar un *smartphone*, un televisor, un electrodoméstico, pagar una ortodoncia e incluso unas vacaciones.

Tendríamos que plantearnos seriamente la adquisición de un *smartphone* o pagar las vacaciones a crédito, sobre todo si este conlleva intereses. Los créditos no deberían utilizarse para llevar un tren de vida superior al que nos podemos permitir. Existen estudios[2] que ponen en evidencia que el endeudamiento no solo nos causa estrés financiero, también triplica las posibilidades de tener desórdenes mentales comunes.

Además, muchas personas también se han habituado a utilizar el pago a crédito para afrontar multitud de otros gastos: pagar unas copas en la discoteca, una cena en un lugar caro, o el cine del fin de semana. Multitud de pequeños pagos a crédito que en el momento satisfacen un deseo pero que van incrementando nuestra deuda con el banco.

2. <https://academic.oup.com/eurpub/article/23/1/108/464719?sid=a0014e13-8d72-4a5f-a3a6-bfdf1d0029b6>.

Llega fin de mes y tenemos una deuda acumulada en la tarjeta de crédito muy elevada. Más elevada de lo que somos capaces de pagar. Pero no se preocupen, el banco nos propone pagar esa deuda a plazos, que de entrada puede parecer interesante, pero también suponer incurrir en mayores costes.

Al pagar la deuda a plazos el banco nos cobrará intereses. Estos pueden subir a más del 20%.

Además, si nos demoramos en el pago de los intereses o estos nos generan un descubierto en cuenta, los gastos también incluirán otras comisiones y todavía se incrementarán más.

Por si todo esto no fuera suficiente, también existen las tarjetas revolving, con las que absolutamente todas tus compras las irás pagando de forma aplazada con intereses y podrás elegir entre pagar un porcentaje cada mes o una cuota fija mensual. El problema es que si pagas una cuota muy baja y los intereses son muy elevados, te puedes encontrar pagando una cuota y seguir debiendo casi lo mismo, con lo cual la deuda se eterniza en el tiempo.

También podríamos hablar de los préstamos rápidos. Se trata de un tipo de préstamo que permite obtener dinero líquido de forma muy rápida sin tener que pasar análisis excesivamente rigurosos. ¿Cuál es el principal contratiempo? Que sus intereses suelen ser bastante más elevados que los préstamos que podrás encontrar en una entidad bancaria estándar. Por ejemplo, en internet podemos encontrar préstamos con una TAE de más del 4.000%, lo escribimos en letras por si genera dudas: más del cuatro mil por ciento.

Por si te estás preguntando qué es la TAE (Tasa Anual Equivalente), debes saber que es un concepto muy importante en el momento de pedir un préstamo, pues se trata de un indicador en forma de tanto por ciento anual que sirve para comparar el coste efectivo de dos o más préstamos en un plazo concreto, aunque tengan condiciones diferentes. Además, incluye en el cálculo no solo el tipo de interés, sino también las comisiones y otros gastos asociados. Cuando pidamos un préstamo, financieramente siempre nos va a interesar que tenga la TAE más baja.

En resumen, las ofertas para contraer deudas son muchas y variadas, un universo en el que una vez se entra puede llegar a ser complicado salir. Imagina una película en la que el explorador sin darse mucha cuenta pisa un poco de barro y al cabo de unos momentos comprende que ha caído en arenas movedizas. El endeudamiento serían las arenas movedizas que amenazan tu bienestar financiero. Caer en él con los brazos abiertos suele reportar muchos dolores de cabeza y un malestar general del que salir se vuelve una necesidad.

Por lo tanto, es importante conservar un nivel de endeudamiento controlado, que nos permita seguir desarrollando nuestra vida habitual y contraer la deuda solo si nos aporta algún beneficio: un sitio donde vivir, un vehículo, un ordenador que me permita generar ingresos, un electrodoméstico que se ha estropeado y no dispongo de fondo de emergencia, algo que sea razonable y no meramente satisfacer un placer temporal.

La técnica de «la pregunta matutina»

Una forma de reflexionar si realmente algo que quieres adquirir mediante un crédito es necesario o simplemente un deseo pasajero es plantearte la siguiente pregunta: «*¿Realmente quiero x en mi vida?*».

En esta pregunta, «x» equivale al producto o servicio sobre el que vamos a contraer la deuda. Si durante una semana la respuesta es sí, probablemente será porque es algo que, o bien necesitamos mucho, o bien nos apetece mucho tener.

Pero no nos hagamos trampas al solitario. Esta pregunta la debemos hacer en voz alta y mirándonos a los ojos en el espejo y, tras formularla, debemos responder con un «Sí» o un «No», y en caso afirmativo poder justificarlo muy bien.

Por ejemplo, María se ha enamorado del nuevo iPhone y tiene la tentación de comprarlo, pero ya tiene uno de hace dos años que funciona de maravilla. Mirándose al espejo es incapaz de decir «Sí» sin que algo se le remueva por dentro.

Hacerlo de esta manera nos ayudará a encontrar argumentos a favor y en contra de la decisión sobre endeudarnos o no.

Completando el área del endeudamiento

Bien, dicho todo esto, veamos cómo podemos completar el área del **canvas de las finanzas personales** que se refiere al endeudamiento.

Hagamos una lista de los conceptos que forman nuestra deuda. En el caso de María tiene un crédito: la letra de la moto por la que paga 190 € mensuales.

Añade el importe mensual de cada concepto y cuando finalizará el pago. En el caso de María lo podemos visualizar así.

CANVAS DE FINANZAS PERSONALES

Autor: María Fecha:

Objetivos vitales

1- Vivir de forma independiente
2- Tener una autocaravana
3- Vivir en una casa con jardín en coliving

Objetivos financieros

1- Alquilar un piso sin compartir
2- Comprar una autocaravana dentro de 5 años
3- Invertir para poder acceder a un coliving
4- Invertir para complementar mi pensión

Ingresos

Nómina: 1.500 €
Prorrateo paga beneficios: 100 €
Regalo cumple: 12,5 €
Ventas online: 7,5 €

Ingresos mensuales = 1.620 €

Gastos necesarios

Fijos

Vivienda: 390 €
Seguros: 16 €
Créditos: 490 €
Ahorro: 150 €
Impuestos: 6 €

Variables

Suministros: 95 €
Combustible: 40 €
Manutención: 320 €

Gastos mensuales necesarios = 1.207 €

Gastos NO necesarios

Fijos

Spotify: 10 €
Amazon: 5 €
Gimnasio: 20 €
Clases piano: 50 €

Variables

Cafés: 45 €
Vacaciones: 80 €
Bares y restaurantes: 100 €
Libros: 20 €
Cine: 10 €
Discoteca y copas: 40 €
Conciertos: 20 €

Gastos mensuales NO necesarios = 400 €

Perfil de riesgo

Endeudamiento

Crédito de la moto: 190 €/mes

Vencimiento

Crédito de la moto: 1 año

Fondo de emergencia

Objetivo   3.624 €
Actual   0 €
Primer año   1.950 €
Segundo año   3.624 €

Fondo de emergencia construido en 15 meses

Visión de futuro

Gastos futuros

Ingresos futuros

Ahorro e inversiones

Patrimonio neto

El Canvas de las finanzas personales es una herramienta creada por Vicenç Yll Escot y revisada por Jordi Martínez Llorente

Encontrarás el ejemplo del Canvas de finanzas personales de Elena y Carlos en el anexo.

María sabe que tener que pagar esos 190 € acabará pronto y eso le permitirá ahorrar más. También sabe, que si todo va bien, dentro de cinco años pedirá un crédito para comprarse una autocaravana, que de momento no pondrá aún en el endeudamiento, pero lo tendrá que hacer en el momento que contraiga el crédito.

Su visión de la deuda le permite planificar y tener mejor criterio para tomar nuevas decisiones antes de solicitar otros créditos y contraer nuevas deudas.

Es importante saber que el endeudamiento no siempre requiere de una formalidad como ir al notario o firmar un contrato de préstamo. Una forma muy común de endeudarse es quedarse en números rojos, es decir tener un descubierto en la cuenta. Tenemos 30 euros en la cuenta y el banco nos atiende el recibo de la luz generando un descubierto. Un descubierto por el que vamos a pagar intereses y una comisión de reclamación si no lo arreglamos con celeridad.

También es habitual pagar una cena con la tarjeta de crédito, que a lo mejor acabaremos aplazando y pagando intereses por ella. Esto nos lleva a la siguiente reflexión: ¿es razonable endeudarse por una cena? ¿Para qué es razonable endeudarse y para qué no?

Hacerse esta reflexión antes de pedir un préstamo o decidir usar la tarjeta de crédito puede ayudarnos a decidir mejor y a tener mayor bienestar. Por ejemplo, tiene sentido pedir una hipoteca que me permitirá adquirir mi casa y así dejar de pagar el alquiler, pero no tiene demasiado sentido pedir un crédito para irme al Caribe en verano sabiendo que en febrero todavía lo estaré pagando.

Otra opción que puede tener sentido es pedir un préstamo para una moto para ir a trabajar al polígono, como el caso de María, pero no lo tendría tanto si la compra de la moto fuera solo para salir los fines de semana. Para este segundo caso sería mejor ahorrar para ello y no pagar unos intereses que nos alejan de otros objetivos vitales y nos pueden llegar a generar estrés financiero.

Finalmente, hay que tener en cuenta que si detectamos que no vamos a poder hacer frente al pago de una deuda es importante ponerse en contacto con la entidad financiera lo antes posible para buscar soluciones, cuanto más tardemos más difícil y más caro será arreglarlo.

Ahora que conocemos nuestra situación actual y cómo es el endeudamiento que tenemos (en caso de tenerlo) pasaremos a completar la sección que se encuentra inmediatamente a la izquierda, **el perfil de riesgo**. Tanto este apartado, como los de los objetivos vitales y financieros, constituyen los espacios destinados a nuestro autoconocimiento y es muy importante completarlos antes de tomar las decisiones de cómo ahorrar e invertir para poder perseguir nuestro objetivo del bienestar financiero. Vamos a ello.

7

EL PERFIL DE RIESGO

Nos pasamos la vida tomando decisiones, cientos, miles de veces al día. En muchas ocasiones lo hacemos de forma inconsciente; nuestro organismo respira sin que se lo pidamos, pero si contenemos la respiración hay un momento en el que le pedimos respirar y lo hace. Si sentimos hambre comemos. Muchas de nuestras decisiones apenas se asoman a nuestra parte consciente. En ocasiones, tareas tan complejas como puede ser conducir un automóvil también las hacemos de forma semiinconsciente, hasta el punto de haber estado conduciendo de forma absorta y al finalizar el recorrido no recordar muy bien ni cómo hemos hecho el trayecto. Pero para conducir hemos tenido que ir tomando una secuencia de decisiones constante que ha logrado un doble objetivo: llegar al destino que nos proponemos y hacerlo sin sufrir ningún accidente.

Pero cuando se trata de asuntos económicos, generalmente nuestras decisiones son más meditadas… ¿Es esto verdad? Pues si somos sinceros con nosotros mismos, lo cierto es que no demasiado.

Pedimos préstamos para adquirir un nuevo coche o hacer una reforma y en muchas ocasiones lo hacemos en el banco donde siempre hemos tenido las cuentas porque es el que ya conocemos y creemos que será más sencillo y mejor.

Gastamos dinero en bienes y servicios que ni tan solo necesitamos, pero nos apetece que sean esos y no otros. Los que compran iPhone y no un *smartphone* genérico, los que compran ropa de marca y no de un comercio genérico, los que salen todos los fines de semana porque si no creen que se sentirán peor. El que no ahorra nada porque tiene 25 años y piensa: «a partir de los 30». Y a los 30 será a partir de los 40, hasta que llega un momento que se da cuenta que ya hace unos años que debería estar ahorrando y en ese momento ve que si hubiera ahorrado desde los 25 los números le serían mucho más beneficiosos.

También están los que se apuntan a las inversiones de moda y depositan parte de sus ahorros en mercados de alta volatilidad como, por ejemplo, las criptomonedas, en un afán especulativo de «ganar rápido» pero sin conocimiento real de cómo funciona ese mercado y los riesgos que corren con su dinero en este tipo de inversión.

La falacia del vividor o falacia del momento presente

Nuestra relación con el dinero está contaminada por la experiencia infantil, muchos pertenecemos a una generación a la que «no nos ha faltado nada», o quizá necesitábamos menos. A esto le hemos de añadir la presión social que relaciona de forma falsa el éxito y la felicidad con tener más y vivir el presente al máximo, relacionando con frecuencia el hecho de «vivir mejor» con gastar más. Si con estas dos creencias no tenemos suficiente, hemos de añadir algunas ideas preconcebidas que algunos se repiten como un mantra con frases del tipo: «Al final, de tanto ahorrar acabaré siendo el más rico del cementerio», *«carpe diem»*, o el muy socorrido *«Que me quiten lo bailao»*.

Se trata de la falacia del vividor, también conocida como falacia del momento presente. En ella anteponemos el aquí y ahora al futuro. Esta falacia nos lleva a tener una visión errónea de la realidad, principalmente por dos motivos.

En primer lugar, no tenemos modo alguno de saber cuánto vamos a vivir exactamente. Podemos estimar que viviremos la media de nuestra generación y en función de nuestra salud, alimentación y ejercicio podríamos ajustar un poco más. Pero nadie sabe a ciencia cierta si sufrirá un accidente de automóvil o cualquier otro percance fatídico. La magia de la vida es que está ligada a la muerte y la muerte es ese momento que no sabes cuándo sobrevendrá y eso nos hace unos felices ignorantes. Pero si has quemado todo tu dinero en el presente llegará un momento que podrás ser una persona de edad avanzada, pero con unos medios financieros muy precarios para tener un final de vida como el que imaginabas.

En segundo lugar, si vivo el presente e intento tener siempre un coche mejor, una casa mejor, más ropa y más *gadgets* tecnológicos, durante un tiempo estaré a la última, pero no tardaré en darme cuenta de que todo eso no conlleva ser más feliz y además me estaré empobreciendo para cuando en el futuro necesite disponer de un patrimonio que por entonces no seré capaz de generar.

Ambas falsas creencias hacen un camino que acaba llevando a aquellos que las siguen a una crisis profunda de ansiedad al no poder hacer frente al futuro inmediato, y cuando suceda acabarán recurriendo al endeudamiento si todavía están a tiempo.

Piénsalo de la siguiente manera: siempre se puede vivir mejor, se puede gastar más. Puedes tener la mirada puesta en la abundancia de todo lo que ya tienes, o puedes poner tu mirada en la escasez por todo lo que podrías tener y no estás adquiriendo. Para el bienestar financiero a largo plazo es importante entender que es mejor renunciar a algunas cosas ahora para asegurarte una estabilidad financiera a largo plazo que satisfacer todos tus placeres en el presente y sufrir escasez en el futuro.

En finanzas existe un binomio muy importante que puede significar conseguir o no nuestros objetivos financieros. Es un concepto sencillo pero que a menudo olvidamos. Se trata del binomio: riesgo/rentabilidad. Es decir, cuanto más riesgo tomamos más rentabilidad podemos esperar.

Si alguien nos ofrece una inversión a un tipo de interés más alto que el de mercado, estaremos tomando más riesgos. Si aspiramos a altas rentabilidades a medio/largo plazo deberemos tomar riesgos. Pero la realidad es que no todos reaccionamos igual ante el riesgo.

Entonces, ¿qué es el perfil de riesgo?

Si vamos a la definición más financiera, por ejemplo la de la Comisión Nacional del Mercado de Valores (CNMV),[1] diríamos que el perfil de riesgo se define por la relación que existe entre los riesgos que se está dispuesto a asumir y los rendimientos que se espera obtener.

Podríamos decir que el perfil de riesgo es el retrato robot que dibuja cómo reaccionas ante el riesgo financiero, tu capacidad de resiliencia ante la pérdida, ante una inversión que se devalúa y tu capacidad de tomar decisiones arriesgadas para tratar de que tus inversiones tengan una mejor rentabilidad. De alguna manera, el perfil de riesgo trata de informarte de tus límites en la toma de decisiones financieras para protegerte y salvaguardar tu bienestar financiero y emocional.

De modo que el perfil de riesgo busca el equilibrio entre tu capacidad de renuncia con la de tomar decisiones financieras, para que lo hagas de manera que aceptes los pros y contras en cada momento.

Hay que tener en cuenta que el perfil de riesgo es una cuestión subjetiva, y que, además, puede cambiar a lo largo del tiempo, dado que nosotros cambiamos y nuestras circunstancias también.

Hemos diseñado el área del perfil de riesgo como un recordatorio a nosotros mismos de las situaciones que nos generan ansiedad y nos sacan del bienestar financiero con el objetivo de estar siempre alerta y poder actuar de manera consecuente.

Para completar esta sección del **canvas de las finanzas personales** vamos a realizar un ejercicio para poder definir nuestro perfil de riesgo.

---

1. <http://www.cnmv.es/TutorialesInversores/DecisionesInversion/02_CNMV_acce sible/0301.htm>.

Dinámica - El interrogatorio

Para llevar a cabo esta dinámica, en un folio en blanco escribiremos las respuestas a las preguntas que te proponemos. La regla de oro es que no puedes responder con una palabra, sino que debes justificar cada respuesta con varias frases. Cuando estés escribiendo algo que creas que te puede producir malestar es importante que lo subrayes para la segunda fase de la dinámica.

Ahora trata de responder todas las preguntas que te proponemos a continuación:

- ¿Cómo te sentirías si una inversión se redujera un 10%?
- ¿Qué tal te encontrarías sabiendo que tus ahorros no están garantizados y pueden verse reducidos?
- ¿Cómo te sentirías sabiendo que tus ahorros serán exactamente los mismos y no se incrementarán durante todo el tiempo que estés ahorrando?
- ¿Cómo te sentirías sabiendo que el capital que estás ahorrando estará retenido durante los próximos cuatro años sin posibilidad de acceder a él?
- ¿Qué tipo de conocimientos sobre inversión tienes?
- ¿Es posible que necesites el apoyo de un experto para que te asesore en la toma de decisiones financieras? En caso de que consideres necesario un asesor, ¿qué cualidades debería tener esa persona? ¿Sabes dónde encontrarlo?
- ¿Cuál es la situación actual en tu vida para invertir en productos en los que existe la posibilidad de perder parte del capital?
- ¿Cuál podría ser tu límite de tolerancia ante la pérdida?
- ¿Tienes un fondo de emergencia?
- ¿Cuándo vas a necesitar el dinero?
- ¿Has invertido anteriormente? ¿En qué tipo de productos?

A continuación, compartimos el ejemplo con las respuestas de María:

- ¿Cómo te sentirías si una inversión se redujera un 10%?

  —Empezaría a sentirme **preocupada**, sobre todo si la caída fuera brusca, empezaría a pensar en si *me he equivocado*.

- ¿Qué tal te encontrarías sabiendo que tus ahorros no están garantizados y pueden verse reducidos?

  —Lo **entendería** en el caso de invertir para conseguir más rendimiento.

- ¿Cómo te sentirías sabiendo que tus ahorros serán exactamente los mismos y no se incrementarán durante todo el tiempo que estés ahorrando?

  —Tendría la sensación de haber **desaprovechado el tiempo** y de haber **dejado escapar oportunidades**.

- ¿Cómo te sentirías sabiendo que el capital que estás ahorrando estará retenido durante los próximos cuatro años sin posibilidad de acceder a él?

  —Si dispongo de otros ahorros y estos los tengo dedicados a cosas a largo plazo y sabiéndolo anticipadamente **me sentiría cómoda**.

- ¿Qué tipo de conocimientos sobre inversión tienes?

  —He leído algunos libros para principiantes y pido consejos a un amigo que es experto, pero **no sé demasiado**, la verdad.

- ¿Es posible que necesites el apoyo de un experto para que te asesore en la toma de decisiones financieras? En caso de que consideres necesario un asesor, ¿qué cualidades debería tener esa persona? ¿Sabes dónde encontrarlo?

  —Sí, antes de invertir o tomar según qué decisiones **necesito la opinión de un experto**. Debería ser **alguien que esté al día, vinculado al sector** y certificado por alguna asociación o colegio profesional.

- ¿Cuál es la situación actual en tu vida para invertir en productos en los que existe la posibilidad de perder parte del capital?

  —Tengo ahorrado para la fianza de un alquiler y quisiera ahorrar para una autocaravana. Me planteo poner **una pequeña cantidad** de las pagas extras en algo con más riesgo de cara al largo plazo.

- ¿Cuál podría ser tu límite de tolerancia ante la pérdida?

  —Teniendo en cuenta mi situación actual, y lo que me ha hecho sentir la primera pregunta, **entre un 15 y un 20 %** de mi inversión sería lo máximo que podría soportar.

- ¿Tienes un fondo de emergencia?

  —Sí, pero quizá **debería aumentarlo** cuando me vaya a vivir sola, pues ahora cuando se estropea un electrodoméstico o algo de la casa lo pagamos entre unos cuantos.

- ¿Cuándo vas a necesitar el dinero?

  —La pequeña cantidad que voy a invertir no la voy a necesitar hasta, al menos, **dentro de 10 años**.

- ¿Has invertido anteriormente? ¿En qué tipo de productos?

  —No, de momento solo he tenido productos de ahorro como la cuenta corriente y un plazo fijo que me ofrecieron en el banco.

Una vez hayas acabado de responder las diferentes preguntas vuelve a revisarlas y resume aquello que hayas subrayado, en el caso de María sería:

1. Empezaría a sentirme preocupada y a pensar que me he equivocado ante una reducción del 10 % en cualquier inversión.
2. Entendería que mis ahorros no estuvieran garantizados.

3. Sentiría que no he aprovechado las oportunidades si no he invertido.
4. Me sentiría cómoda sabiendo que mi dinero no siempre está disponible.
5. Me gustaría ser asesorada por un experto que me de confianza y demuestre que domina la materia.
6. Mi límite a la pérdida en caso de una inversión con riesgo es del 15%-20%.
7. No sé mucho de finanzas.
8. Tengo un fondo de emergencia.
9. Puedo invertir a 10 años vista.

Al tener esta lista en forma de resumen podemos pasar a la segunda parte de la dinámica. La hemos denominado **la carta a mi yo del futuro y es un ejercicio que recomendamos hacer no solo en el ámbito financiero, sino también reflexionando sobre otros aspectos de nuestras vidas.**

Carta a mi yo del futuro

En este caso, la carta a mi yo del futuro deberá ser breve y concisa. Será la información que añadiremos en el área del perfil de riesgo del **canvas de las finanzas personales**. Contendrá toda la información que deberás leer en el futuro cada vez que debas tomar una decisión financiera que tenga que ver con ahorro, con inversión o con acometer un gasto importante.

Cómo escribir la carta

Escribe tu carta utilizando tu nombre y que empiece con la fórmula siguiente:

NOMBRE + TE RECUERDO QUE TÚ...
RESTO DE LA CARTA

Siguiendo el ejemplo y suponiendo que María es la persona que está escribiendo, la carta podría ser algo así:

María, recuerda que no sabes de finanzas y que necesitas la ayuda de un experto para tomar las decisiones más importantes. No duermes bien sabiendo que dejas escapar oportunidades. Tienes un fondo de emergencia, pero duermes peor si tus inversiones caen a partir del 10 %, y entre el 15 % y el 20 % te resulta insoportable.

Piensa que la decisión de en qué y cómo invertir depende también del plazo en el que necesitarás el dinero.

Respira y toma conciencia antes de decidir dónde y cómo invertir, pero recuerda que no tener un plan de inversiones y ahorro a la larga hará que te alejes de tus sueños y se reduzca tu capacidad adquisitiva. Respira y toma conciencia antes de decidir dónde y cómo invertir.

Esta carta la integraremos en el **canvas de las finanzas personales** y puede quedar de la siguiente manera.

CANVAS DE FINANZAS PERSONALES

Autor: María

Fecha:

Objetivos vitales

1- Vivir de forma independiente
2- Tener una autocaravana
3- Vivir en una casa con jardín en coliving

Objetivos financieros

1- Alquilar un piso sin compartir
2- Comprar una autocaravana dentro de 5 años
3- Invertir para poder acceder a un coliving
4- Invertir para complementar mi pensión

Ingresos

Nómina: 1.500 €
Prorrateo paga beneficios: 100 €
Regalo cumple: 12,5 €
Ventas online: 7,5 €

Ingresos mensuales= 1.620 €

Gastos necesarios

Fijos
Vivienda: 390 €
Seguros: 46 €
Créditos: 190 €
Ahorro: 150 €
Impuestos: 6 €

Variables
Suministros: 95 €
Combustible: 40 €
Manutención: 320 €

Gastos mensuales necesarios = 1.207 €

Perfil de riesgo

María, recuerda que no sabes de finanzas y necesitas la ayuda de un experto para tomar las decisiones más importantes. No duermes bien sabiendo que dejas escapar oportunidades, tienes un fondo de emergencia, pero duermes peor si tus inversiones caen a partir del 10%, y entre el 15% y el 20% te resulta insoportable.

Piensa que la decisión de en qué y cómo invertir depende también del plazo en el que necesitarás el dinero.

Respira y toma conciencia antes de decidir dónde y cómo invertir, pero recuerda que no tener un plan de inversiones y ahorro a la larga hará que te alejes de tus sueños y se reduzca tu capacidad adquisitiva.

Endeudamiento

Crédito de la moto: 190 €/mes

Vencimiento

Crédito de la moto: 1 año

Fondo de emergencia

Objetivo   3.624 €
Actual   0 €
Primer año   1.950 €
Segundo año   3.624 €

Fondo de emergencia construido en 15 meses

Gastos NO necesarios

Fijos
Spotify: 10 €
Amazon: 5 €
Gimnasio: 20 €
Clases piano: 50 €

Variables
Cafés: 45 €
Vacaciones: 80 €
Bares y restaurantes: 100 €
Libros: 20 €
Cine: 10 €
Discoteca y copas: 40 €
Conciertos: 20 €

Gastos mensuales NO necesarios = 400 €

Visión de futuro

Gastos futuros

Ingresos futuros

Ahorro e inversiones

Patrimonio neto

El Canvas de las finanzas personales es una herramienta creada por Vicenç Yll Escoi y revisada por Jordi Martínez Llorente

Encontrarás el ejemplo del **Canvas de finanzas personales** de Elena y Carlos en el anexo.

La aproximación al perfil de riesgo que se incluye en el **canvas de las finanzas personales** es distinta a la que puede existir en centenares de webs sobre inversión y empresas que lo utilizan para definir el tipo de productos financieros que te recomendarán para invertir.

El perfil de riesgo que os proponemos se basa en aplicar prudencia y anteponer el bienestar financiero en todo momento. También se centra en ser conscientes de que la inacción puede conllevar malestar en el futuro.

De este modo, el perfil de riesgo que os proponemos debe ayudaros a identificar la frontera entre el exceso de prudencia, que nos puede llevar a alejarnos irremediablemente de nuestros objetivos vitales, y la temeridad, que nos conduciría a arriesgar nuestras inversiones y poner en peligro nuestro futuro financiero.

Es importante conocer nuestro perfil de riesgo correctamente pues es la mejor forma para escoger después los productos en los que invertir. Cuando nos ofrezcan un producto, por muy rentable que sea, o, al contrario, por muy estable que sea, debemos primero recordar qué objetivos financieros tenemos y qué riesgo estamos dispuestos a correr para conseguirlos.

Por otro lado, hay que recordar que el perfil de riesgo es muy subjetivo y difícil de establecer, y además, como hemos comentado anteriormente, puede variar a lo largo del tiempo.

También es bueno que tengamos en cuenta que estamos definiendo nuestro perfil de riesgo de forma global, lo cual no quiere decir que no podamos arriesgar un importe concreto en un producto en concreto de forma consciente. Por ejemplo, un dinero que no esperaba o el dinero que antes dedicaba al tabaco y ahora no gasto, puedo decidir arriesgarlo, aun teniendo un perfil de riesgo más conservador para el resto de mis inversiones.

De esta forma, nos hemos conocido un poco mejor y vamos a poder tomar decisiones más coherentes en el momento de completar el área justo a la derecha del perfil de riesgo, la que se refiere al **ahorro y las inversiones** en nuestro **canvas de finanzas personales**.

8

AHORRO E INVERSIONES

Ha llegado el momento de reflexionar, priorizar y pasar a la acción sobre cómo trataremos de organizarnos.

El ahorro será un punto clave para conseguir nuestros objetivos. La definición más común de ahorrar es la de conservar parte de los ingresos actuales para asegurar el futuro, para usarlos más adelante. En cambio, invertir es poner a trabajar el dinero que ya tenemos para obtener un rendimiento.

Desde pequeños aprendemos a ahorrar, es algo que nos inculcan en la familia, pero, en cambio, pocos saben lo que es invertir.

La hucha. Aprendiendo a guardar desde niños

Como decíamos, el ahorro es algo que desde bien pequeños aparece en nuestras vidas. Muchos de nosotros, cuando éramos pequeños, recibíamos la «semanada» o la «paga» que nos daban nuestros padres e incluso abuelos.

Hoy en día también son muchas las familias que asignan una paga a sus descendientes. Existe debate sobre si esto es conveniente o no, en nuestra opinión es muy positivo dar una semanada a los niños a partir de los 7-8 años, cuando ya son capaces de hacer pequeños cálculos aritméticos.

De entrada, sería positivo darles una pequeña cantidad semanal que les permita poder comprarse unos sobres de cromos, unas chuches o un cómic. Esa cantidad no debe ser ni tan pequeña que no puedan hacer nada con ella ni tampoco darles demasiado, es decir, que no tengan que gestionar nada porque les da para todo. Debemos darles algo adecuado a su edad, que posibilite cierta gestión y que sea acorde a lo que creamos los padres.

Además, no somos partidarios de dar esa paga a cambio de realizar tareas, es decir, «te voy a dar 2 euros a la semana por poner la mesa y hacerte la cama». No, le vamos a dar la paga a cambio de que se gestione los gastos que pactemos, «cómics, chucherías, cromos...», pero no vinculándola a que ayude en casa. ¿Qué pasaría si no podemos darle paga debido a que nos quedamos sin trabajo? ¿Ya no tendría que ayudar en casa? Actividades como «ayudar en casa» no deben tener compensación económica si consideramos que son tareas que deben repartirse entre todos los miembros de la familia, según edades y disponibilidad de tiempo. En nuestra opinión, hay que desligar una cosa de la otra.

Más adelante, a medida que crezcan y sus deseos a satisfacer también lo hagan, somos partidarios de empezar a dar la paga de forma mensual, para que, de este modo, se acostumbren a gestionar su dinero para que dure un mes, como tendrán que hacer cuando sean adultos y empiecen a trabajar. Podemos ayudarles a hacerse un pequeño presupuesto personal, que les permita gestionar mejor el dinero y que incluso les permita empezar a pensar qué cantidad van a ahorrar para sus deseos futuros o de mayor valor. Es un ejercicio que no dista tanto de lo que hemos ido aprendiendo en los primeros capítulos de este libro, cuando hemos hablado de ingresos y gastos.

Debemos ayudarles a entender que ahorrar es acumular una cierta cantidad para, con el tiempo, adquirir un bien que actualmente no pueden comprar. O para tener un fondo para imprevistos. Por ejemplo, si son adolescentes y se les rompe la pantalla del móvil, si previamente lo hemos pactado así, podemos decirles que la reparación la deben asumir ellos.

El concepto de la hucha puede ser un gran aliado para pequeños y mayores. Ese objeto cerrado herméticamente. Sí, amigos de las nuevas generaciones, en nuestros tiempos las huchas eran de metal, estaban completamente selladas y para abrirlas era necesario un abrelatas. La alegría que siente uno cuando abre una hucha llena es enorme, el subidón de hormonas... la dopamina y la serotonina a raudales para descubrir la cantidad que hemos acumulado durante todo este tiempo. Se trata de un buen aprendizaje porque, como si se tratara de un juego, los niños van integrando la idea del ahorro como parte natural en su forma de relacionarnos con el dinero y con la adquisición de productos y servicios que necesiten o deseen.

Una idea que podemos aplicar con nuestros hijos es la de adaptar las tres huchas de Robert Kiyosaki,[1] quien escribió que había que dividir en tres partes: para ahorrar, para invertir y para dar.

Quizá podríamos adaptarlo con nuestros hijos y recomendarles que tengan tres botes: uno para el día a día, otro para ahorrar para cosas futuras y un tercero para donar a causas solidarias con las que simpaticen. Los tres les van a dar satisfacción.

Coste de vida: lo que reduce nuestros ahorros

No hay que ser contable ni experto en finanzas para darse cuenta de que las cosas no cuestan lo mismo a lo largo del tiempo. La barra de pan se encarece, pero también lo hace el resto de la cesta de la compra, la ropa, los *gadgets* tecnológicos, los electrodomésticos... todo. Normalmente, el coste de la vida es más caro día tras día, o lo que es lo mismo, con el mismo dinero tenemos acceso a menos productos y servicios, es decir, se reduce nuestra capacidad adquisitiva.

---

1. Kiyosaki, R. (2003), *Padre rico, padre pobre: ¿Qué les enseñan los ricos a sus hijos acerca del dinero? ¡que las clases media y pobre no* (1a. ed., 1a. reimp.), Buenos Aires: Time & Money Network.

El aumento sostenible y generalizado de los precios es lo que comúnmente conocemos como inflación, y podríamos decir que es el enemigo número uno de nuestros ahorros.

Para que nos hagamos una idea, si la abuela de María hubiera guardado 10.000 € en el año 2000 para cuando su nieta los necesitara y ese momento fuera en 2023, el valor de esos ahorros habría caído más de un 40%, es decir podría comprar menos del 60% de «cosas» que hubiera podido comprar en el año 2000. Si nos vamos más atrás nos salen datos todavía más dramáticos, pérdidas del poder adquisitivo en España de más del 90%.

Por lo tanto, si estamos ahorrando para un objetivo lejano, será conveniente poner nuestro dinero a trabajar para que, al menos, consigamos un rendimiento superior al de la inflación. Una inflación moderada, pongamos por debajo del 2% (el objetivo que se marca el Banco Central Europeo), suele ser buena señal.

Nuestra sociedad se sustenta en el principio del consumo, hemos de consumir para que todo siga funcionando. Cuanto más consumimos, más necesidad hay de seguir ofreciendo los servicios que usamos y fabricando los productos que adquirimos. Es una espiral en la que entramos sin apenas darnos cuenta y pasamos a formar parte de ella. Además, la sociedad de consumo hace todo lo posible para hacernos sentir bien cuando consumimos.

A medida que la demanda para consumir un producto o servicio se incrementa, también suele hacerlo su precio. Todo funcionará como una maquinaria perfectamente engrasada hasta que el precio llegue a un punto en que hará que algunos demandantes no tengan capacidad para pagar por ello o lo consideren demasiado caro.

Cada vez es más frecuente la idea de hacer una transición de la economía lineal actual a una circular, es decir, a un modelo de producción y consumo que implica compartir, alquilar, reutilizar, reparar, renovar y reciclar materiales y productos existentes todas las veces que sea posible, creando así un valor añadido. De esta forma, el ciclo de vida de los productos se extiende, se contamina menos y se tiende a la sostenibilidad. En la práctica, implica reducir los residuos al mínimo.

Volviendo al crecimiento de los precios, como decíamos antes, si tenemos en cuenta que el coste de la vida es cada día más elevado, ahorrar guardando dinero en una hucha o en una cuenta corriente en el banco no me va a ayudar demasiado en mis objetivos de bienestar financiero futuro.

El dinero que se queda dormido se va haciendo pequeñito, pequeñito, pequeñito… A medida que pasa más tiempo, más pequeño.

Levántate y anda

Cuando alguien está en baja forma, a veces decimos que practica el «sillón ball» o que hace «sofaning», disciplinas deportivas ambas que nos llevan a un mayor sedentarismo y probablemente a seguir con una forma física horrible. ¿Qué hacemos para mejorar la forma física? Exactamente, ejercicio.

Ejercitar el cuerpo ayuda a sentirse más vital al principio y si lo hacemos con regularidad, también nos permite mejorar nuestra masa muscular, nuestra energía y nuestra fuerza física y flexibilidad. Con el dinero ocurre exactamente lo mismo.

Una vez que nos hemos dado cuenta de que mantener nuestros ahorros en una cuenta corriente hace que estos permanezcan dormidos y no nos previenen ante el incremento del coste de la vida o la inflación, deberemos empezar a pensar cómo podemos ejercitar nuestro dinero para que adquiera mejor tono y nos aporte «músculo financiero».

El **canvas de las finanzas personales** es una herramienta que persigue aportar bienestar financiero a las personas que lo utilicen, por eso va a ser importante que aprendamos los fundamentos para hacer ejercicio financiero sin lesionarnos. Que de lo que se trata es de tener salud financiera, no de ser un medallista de los 100 metros lisos.

Del mismo modo que para ganar dinero normalmente lo que hacemos es trabajar, es importante que pongamos a trabajar a nuestro dinero. Esta parte del **canvas** tiene por objetivo mostrarnos cómo organizamos nuestro dinero para que este trabaje de forma óptima.

Ahorro e inversión, qué es qué

Como hemos podido comprobar, cuando nos referimos al ahorro lo hacemos para hablar de esa parte de nuestros ingresos que no utilizamos para el consumo, por lo tanto es la parte del ingreso que no gastamos.

En cambio, la inversión se refiere a los recursos que estamos asignando con el objetivo de que estos puedan generar rendimiento asumiendo un riesgo.

Actualmente ahorrar, por ejemplo, en una cuenta corriente o un depósito tiene aparentemente menos riesgo ya que me estoy asegurando de que en el futuro podré disponer de aquello que no estoy gastando para consumir entonces. Sin embargo, como hemos visto anteriormente, el riesgo está en que la inflación haga que esos ahorros sean mucho menos efectivos en el momento que quiera utilizarlos.

Invertir tiene otro tipo de riesgos, como por ejemplo que parte de mi inversión se pierda, o que no consiga los beneficios que esperaba obtener. Por ejemplo, si compro un bonito apartamento con vistas al mar, pero al cabo de 20 años han construido varios edificios que me tapan la vista y una autopista que impide el fácil acceso a la playa, es posible que ese apartamento no tenga tanto valor como yo esperaba. O, puede que adquiera acciones de una compañía y al cabo de 7 años esta quiebre y todo lo invertido se volatilice. Entonces, ¿qué puedo hacer?

Como ya hemos comentado en varios momentos a lo largo de este libro, aquí no encontrarás fórmulas mágicas para garantizar que tus inversiones sean mucho más rentables, sino que veremos de qué modo podemos vivir con bienestar financiero nuestras inversiones.

La regla de oro, tu perfil de riesgo

Es importante que recuerdes en todo momento cómo eres tú ante la incertidumbre y cómo te sentirías si tu inversión cayera, por ejemplo, un 20 %. Esto te ayudará a ser precavido ante la toma de decisiones.

En nuestro ejemplo del **canvas de finanzas personales**, María recuerda que no tiene conocimientos financieros sólidos y por eso necesita una persona que le pueda asesorar en qué productos invertir. María sabe que invertir tiene riesgo, ya que puede ver cómo el dinero depositado se reduce, y ha meditado hasta decidir que unas pérdidas temporales en torno al 15 % es algo que puede asumir.

Con este tipo de análisis inicial, María podrá empezar a tomar decisiones sobre qué hacer, por ejemplo, con parte del dinero que podrá ahorrar cuando acabe de pagar la moto (después de reservar una parte de su dinero para crear el fondo de emergencia del que hemos hablado).

En la actualidad nos llega continuamente mucha información sobre inversiones que pueden ser interesantes: participaciones en startups, criptomonedas, ETFs, inversiones temáticas, inversiones de impacto… En general, la gente escucha esa música con la promesa de obtener grandes rentabilidades en poco tiempo y piensa «¿por qué no lo estoy haciendo yo?». Y hay quien decide invertir parte de sus ahorros, en ocasiones la totalidad de los mismos, en productos que ni tan solo sabe cómo funcionan. Así que, aunque este libro no tiene por objetivo dar lecciones sobre en qué invertir, sí que nos gustaría compartir algunos consejos contigo.

Consejo 1: Desconfía de las redes sociales

Las redes sociales no son el lugar ideal para aprender en profundidad sobre inversiones. Si se te hace muy pesado leer la documentación de los productos financieros contrata los servicios de una persona experta. Con su asesoría podrás utilizar esa información y la que encuentres en las redes para contrastar, profundizar y tener una mejor idea de cada tipo de inversión. Un *tiktoker* no debería condicionar en 30 segundos tus decisiones financieras. En ese tiempo no se pueden tratar los riesgos que conlleva su recomendación por la que, por cierto, probablemente cobre.

Consejo 2: No apuestes todo al rojo

Toda inversión tiene un riesgo real de no salir como esperamos, unas tienen más riesgo que otras, pero si algo nos dice la sabiduría popular es que no hay que poner todos los huevos en la misma cesta. Sorprendentemente, aunque el refranero sea tan claro, según la Encuesta de Competencias Financieras del Banco de España,[2] probablemente la más grande hecha en el país sobre este tema, solo el 49 % de los encuestados cree que sea mejor invertir en muchas en empresas que hacerlo en solo una.

Diversificar tus inversiones genera mayores posibilidades de que algunas tengan incrementos y que compensen aquellas que tengan pérdidas.

Actualmente, existen múltiples formas de diversificar las inversiones con productos financieros muy sencillos, como por ejemplo los fondos de inversión indexados que replican diferentes índices. Te recomendamos que leas sobre cualquier oportunidad antes de invertir.

---

2. <https://www.bde.es/f/webbde/SES/estadis/otras_estadis/2016/Encuesta Competencias_Web.pdf>.

Consejo 3: La paciencia del aprendiz

La siembra no crece en una semana. Las inversiones las tienes que plantear a largo plazo. Estar revisando a diario cómo evolucionan tus activos solo hará que aumenten tus nervios e incertidumbre.

Las inversiones deben ser tratadas como un regalo que le haces a tu «yo» del futuro, quizá las disfrutarás décadas más tarde. Ser impaciente no te ayudará, lo que sí que lo hará es empezar a invertir cuanto antes. Los años juegan a favor de los inversores a largo plazo.

Invertir a largo plazo te permitirá aprovecharte del interés compuesto, es decir que los rendimientos obtenidos también generen nuevos rendimientos. A Einstein se le atribuye una frase para todo, también una sobre este tema: «El interés compuesto es la fuerza más poderosa del universo».

El interés compuesto es una potencia, matemáticamente hablando, por lo que la reinversión que hemos mencionado hará que los rendimientos aumenten más deprisa. Pongamos que invertimos 10.000 € y obtenemos un 6 % anual, al cabo de un año tendremos 10.600 €. Si rescatamos los intereses y volvemos a invertir con el mismo resultado, el segundo año volveremos a obtener 600 € de rendimiento. En cambio, si esos 600 € del primer año se reinvierten, el segundo obtendremos 636 €, y así sucesivamente. Vale la pena que busques un buen simulador por internet y calcules la diferencia de invertir por ejemplo a 10 o a 20 años. Te darás cuenta del efecto que tiene el interés compuesto. Los fondos de inversión son el producto más popular que permite aprovecharse de este concepto, a la vez que te permiten diversificar.

Consejo 4: No es oro todo lo que reluce

Aunque lucrarse de forma rápida es algo soñado, en el mundo de las inversiones no suelen existir los atajos. Aprende a diversificar y ve corrigiendo durante el camino. Desconfía de los gurús que prometen lucros de dos y tres dígitos sin riesgo. Toda inversión va a tener su riesgo y como hemos ido comentando anteriormente, a mayor posibilidad de beneficios, la exposición al riesgo es mayor.

Un *influencer*, un compañero de oficina, o nuestro cuñado durante la sobremesa, nos van a contar que han ganado mucho dinero invirtiendo en la última criptomoneda, la mejor colección de sellos, con sagas de las mejores series en VHS, o con cualquier otra cosa. Ten cuidado y piensa que siempre te van a contar lo que les ha ido bien, pero solemos esconder la cabeza bajo el ala cuando las inversiones salen mal.

Consejo 5: No siempre todo lo que baja vuelve a subir

Existen normas generales cuando uno invierte en mercados financieros. Una afirmación generalizada es que cuando los mercados están a la baja es un buen momento para comprar. Si apreciamos la evolución histórica de los mercados es cierto que esta máxima se cumple y a largo plazo las tendencias son alcistas. Sin embargo, no todo lo que baja tiene por qué subir. Si algo está bajando y al cabo de un tiempo ha perdido el 50 % de su valor y más tarde otro 25 %, no significa que eso vaya a cambiar. Suele ser habitual que un inversor que ha comprado acciones de una compañía en concreto, si esta se desploma prefiera comprar más para rebajar la media del precio a la que compró o que mantenga la acción por miedo a aceptar las pérdidas.

Este comportamiento tiene una explicación psicológica que conocemos como sesgo de anclaje. Los sesgos cognitivos son uno de los principales enemigos de los inversores. Tomamos decisiones en base a emociones, expectativas y visiones de la realidad subjetivas que nos hacen tener más o menos confianza en una inversión.

El sesgo de anclaje tiene como característica que tomamos como referencia el precio pasado de un activo para suponer una posible revalorización futura. Pese a ser un sesgo muy común, la realidad es que la cotización pasada no tiene por qué suponer esa posible revalorización. Para evitar este y otros sesgos debemos conocernos a nosotros mismos, saber que existen estos sesgos e intentar que no influyan en nuestras decisiones.

Te recomendamos que leas a los premios Nobel de economía Daniel Kahneman y Richard H. Thaler, quienes han escrito libros sobre sesgos cognitivos de lectura amena.

Se fiel a tu perfil de inversor que has definido antes, dormirás mejor.

Consejo 6: Invierte según tus valores

Es importante que cuando inviertas sepas dónde lo haces. Quizá seas una persona vegetariana y estés invirtiendo en fondos entre cuyos activos figuran macrogranjas. Es posible que un fondo contenga acciones de empresas de armamento, que investigan con animales, o que tienen un pasado controvertido por haber dado empleo a niños. Saber que inviertes acorde a tus valores te hará sentir mejor, y eso también es bienestar.

Desde agosto de 2022, cuando en España vas a hacer una inversión el gestor que te atiende tiene la obligación de preguntarte por tus preferencias de sostenibilidad. Es decir, tus inclinaciones ante las inversiones ESG. ESG son las siglas en inglés de *Environment, Social* y *Governance*, es decir, Medio Ambiente, Social y Gobernanza.

Hoy en día es posible invertir en productos que excluyan según qué tipo de empresas (por ejemplo, armamentísticas o de la industria de la pornografía), también es posible ir un paso más allá e invertir en productos que en lugar de excluir lo que hacen es buscar «buenas» empresas, o incluso es posible invertir en productos con un fin concreto: por ejemplo en empresas que luchan contra el cambio climático, o contra la exclusión social, por ejemplo. Incluso existe un ETF que reúne empresas en las que la dirección general la ocupa una mujer, o empresas comprometidas con la igualdad.

En resumen, si inviertes con visión de bienestar no te fijes únicamente en la rentabilidad, sino también en aquellas empresas que te gustaría que existieran en el mundo por sus valores, su compromiso con el planeta o su trato hacia las personas y la sociedad. Además, existen estudios[3] que afirman que invertir con criterios ESG es rentable y menos arriesgado.

Completando el área de ahorro e inversiones

Una vez que hemos compartido algunos conceptos sobre ahorro e inversión, volvamos al **canvas de finanzas personales**. María no tiene apenas idea sobre inversiones. Se ha releído atentamente el área del perfil de riesgo del **canvas** que está elaborando y ha encontrado tres ideas que deberían ser principios que guiarán a sus decisiones.

1. No tener pérdidas en una inversión de más del 15%.
2. Hacer trabajar su dinero para tratar de lograr mejores rentabilidades.
3. Buscar la ayuda de algún asesor que le pueda guiar en el mundo de las finanzas personales.

Con esta información, habla con algunos amigos para que le recomienden a algún experto. También busca por internet donde encuentra algunas empresas de gestión financiera que le parecen serias y orientadas a las finanzas sostenibles.

---

3. <https://cincodias.elpais.com/cincodias/2022/05/25/fondos_y_planes /1653486479_126686.html>.

Finalmente, después de hablar con un experto decide empezar a invertir a través de un *roboadvisor* (gestor automatizado de inversión) para aprovechar las bajas comisiones. María va a hacer una aportación inicial de 1.000 € y, posteriormente, irá incrementando mensualmente sus aportaciones. Solicita información sobre fondos indexados que cumplan con los criterios de inversión socialmente responsable (ISR). Finalmente, el experto le confecciona una cartera acorde con su perfil de riesgo financiero.

Así pues, como hemos visto, María destina 1.000 € a su nueva cartera y, posteriormente, quiere seguir invirtiendo 100 € más al mes que serán parte de los 150 € que destina al ahorro mensualmente. En segundo lugar, va a destinar los otros 50 € del ahorro a la compra de la autocaravana, que le gustaría poder hacer dentro de 3 años. Además, podrá destinar más cantidad una vez acabe de pagar el crédito de la moto. La autocaravana es un objetivo vital y poder acercarse a él le hará muy feliz.

De esta manera, siguiendo los consejos de su asesora financiera, María organiza una primera propuesta de ahorros e inversiones con la que se siente cómoda para empezar. En el **canvas de las finanzas personales** se puede visualizar de la manera siguiente.

CANVAS DE FINANZAS PERSONALES

Autor: María

Fecha:

Objetivos vitales

1- Vivir de forma independiente
2- Tener una autocaravana
3- Vivir en una casa con jardín en coliving

Objetivos financieros

1- Alquilar un piso sin compartir
2- Comprar una autocaravana dentro de 5 años
3- Invertir para poder acceder a un coliving
4- Invertir para complementar mi pensión

Ingresos

Nómina: 4.500 €
Prorrateo paga beneficios: 100 €
Regalo cumple: 42,5 €
Ventas online: 7,5 €

Ingresos mensuales = 4.620 €

Gastos necesarios

Fijos

Vivienda: 390 €
Seguros: 16 €
Créditos: 190 €
Ahorro: 450 €
Impuestos: 6 €

Variables

Suministros: 95 €
Combustible: 40 €
Manutención: 320 €

Gastos mensuales necesarios = 1.207 €

Perfil de riesgo

María, recuerda que no sabes de finanzas y necesitas la ayuda de un experto para tomar las decisiones más importantes. No duermes bien sabiendo que dejas escapar oportunidades, tienes un fondo de emergencia, pero duermes peor si tus inversiones caen a partir del 40%, y entre el 45% y el 20% te resulta insoportable.

Piensa que la decisión de en qué y cómo invertir depende también del plazo en el que necesitarás el dinero.

Respira y toma conciencia antes de decidir dónde y cómo invertir, pero recuerda que no tener un plan de inversiones y ahorro a la larga hará que te alejes de tus sueños y se reduzca tu capacidad adquisitiva.

Endeudamiento

Crédito de la moto: 190 € /mes

Vencimiento

Crédito de la moto: 1 año

Fondo de emergencia

Objetivo   3.624 €
Actual   0 €
Primer año   1.950 €
Segundo año   3.624 €

Fondo de emergencia construido en 15 meses

Gastos NO necesarios

Fijos

Spotify: 10 €
Amazon: 5 €
Gimnasio: 20 €
Clases piano: 50 €

Variables

Cafés: 45 €
Vacaciones: 80 €
Bares y restaurantes: 100 €
Libros: 20 €
Cine: 10 €
Discoteca y copas: 40 €
Conciertos: 20 €

Gastos mensuales NO necesarios = 400 €

Ahorro e inversiones

1- Fondos indexados ISR
1.000 € + 100 € /mes
Rentabilidad anual esperada 4%

2- Autocaravana
50 € / mes el primer año

Iniciar cuando complete el fondo de emergencia

Visión de futuro

Gastos futuros

Ingresos futuros

Patrimonio neto

El Canvas de las finanzas personales es una herramienta creada por Vicenç Yll Escort y revisada por Jordi Martínez Llorente

Encontrarás el ejemplo del **Canvas de finanzas personales** de Elena y Carlos en el anexo.

En primer lugar, María tiene previsto realizar una aportación inicial de 1.000 € en fondos indexados ISR de un *robo-advisor* e irá aportando 100 € al mes. Su asesora financiera ha sido prudente y le ha proyectado una rentabilidad anual de aproximadamente el 4 %. Sabe que podría haber depositado el dinero en otro tipo de inversiones que pueden aspirar a mayores rentabilidades, pero su asesora le dijo que teniendo en cuenta el criterio de prudencia sobre las pérdidas era recomendable empezar a trabajar con una cartera menos agresiva que estuviera menos expuesta a altibajos y más acorde con su perfil de riesgo.

Además, dedicará 50 € al mes a ahorrar en una cuenta corriente que servirá para tener una entrada el día que quiera comprarse la autocaravana. Con un poco de suerte, en cuanto tenga creado el fondo de emergencia y finalice el crédito de la moto podrá incrementar el ahorro para la autocaravana. Sabe que a lo largo de los años ese dinero perderá valor a causa del IPC y la inflación, pero la tranquiliza saber que en caso de una gran dificultad que no pudiera afrontar con el fondo de emergencia siempre tendría esa segunda línea de ahorro para disponer de ella de forma inmediata y sin ningún tipo de penalización.

Pero atención, María tan solo podrá iniciar este apartado una vez haya completado el **fondo de emergencia**, ya que obviamente no puede ahorrar 150 € para el fondo y otros 150 € para invertir en fondos indexados ISR, la autocaravana o cualquier otra finalidad. Lo primero es lo primero y siempre será crear el fondo de emergencia.

Si decide ahorrar e invertir al mismo tiempo que está creando el fondo de emergencia deberá revisar sus gastos NO necesarios para decidir a cuáles de ellos puede renunciar para hacer ese doble esfuerzo. Sin embargo, una gran renuncia también puede comportar una pérdida de bienestar financiero, así que deberá meditarlo bien antes de tomar esa decisión.

Una vez completada esta parte del **canvas de finanzas personales**, María va a poder planificar mejor su futuro. Para ello completará el área situada a la derecha de ahorro e inversiones, bautizada como **Visión de futuro**, en la cual podrá incluir gastos e ingresos que cree que probablemente tendrá en el futuro.

9
VISIÓN DE FUTURO

Planificar desde el conocimiento

Hasta ahora hemos abordado las 8 áreas del **canvas de las finanzas personales** que nos permiten construir el estado de nuestras finanzas, integrarlo con nuestros objetivos tanto vitales como financieros y comprender cuál es nuestro perfil de riesgo para poder tomar decisiones orientadas a nuestro bienestar.

Ahora llega el momento de poder mirar hacia el futuro de modo que podamos anticipar tanto gastos como ingresos y, así poder tomar decisiones que nos permitan minimizar el impacto que un gasto no deseado pueda comportar en nuestra economía diaria, o bien tener en cuenta los ingresos futuros para la toma de decisiones.

Para el ser humano la sensación de control es algo que le aporta seguridad y confianza. A través del área de **visión de futuro** vamos a tratar de reforzar esa sensación de control para poder vivir de una forma positiva tanto los gastos como los ingresos futuros.

Los gastos futuros

El área de visión de futuro se subdivide en dos partes. A la izquierda añadiremos los gastos futuros y nos servirá para tener un listado de gastos que sabemos que probablemente llegarán, aunque quizá todavía no estamos seguros de saber exactamente cuándo. Vamos a verlo con mayor detalle.

Se avecina tormenta

Con toda seguridad, en los últimos años hemos podido leer, escuchar e incluso participar en conversaciones que, con frecuencia, hacen referencia a la gran incertidumbre de nuestros días. Todo puede cambiar de formas diversas y es difícil pronosticar de qué manera y cuándo van a suceder los distintos cambios o eventos.

Los avances tecnológicos progresan a una velocidad tal que se hace difícil estar a «la última». Los trabajos son más volátiles que nunca, un día abre una empresa, al poco tiempo crece de forma exponencial, la compra otra empresa mayor y se diluye en esta. En otras ocasiones, una empresa que parece que funciona, sin saber muy bien el motivo, se desmantela y desaparece. Mientras hablábamos del metaverso ha llegado la inteligencia artificial a toda velocidad con propuestas que crean imágenes y textos originales que supondrán un cambio de paradigma en la forma de crear o estudiar y que van a tener aplicaciones que ahora apenas vislumbramos pero que en unos meses nos estarán sorprendiendo. Existen estudios[1] que avanzan cómo impactará esto en infinidad de empleos y la importancia de empezar a integrar sus distintas aplicaciones en nuestra actividad laboral.

Sabemos que es importante tener buena capacidad de adaptación y flexibilidad, que será imprescindible seguir formándonos a lo largo de la vida para poder mantenernos al día y que, conceptos como la digitalización, el teletrabajo o los nómadas digitales han llegado para quedarse hasta que otro cambio de paradigma los transforme, porque tened por seguro que tarde o temprano también ocurrirá.

Vicenç, a menudo, durante sus charlas o formaciones lo explica así: «No os aferréis a lo que tenéis ahora, al "esto siempre

---

1. <https://www.researchgate.net/publication/369369163_GPTs_are_GPTs_An _Early_Look_at_the_Labor_Market_Impact_Potential_of_Large_Language _Models>.

se ha hecho así" o "a mí me funciona", porque no sé cómo, cuándo, dónde ni por qué motivo, pero lo que sí sé, y de eso estoy seguro, es que las cosas cambiarán. Así que lo único que os puedo garantizar es el cambio».

Vivimos en la tormenta perfecta, en la que se están reuniendo todas las condiciones para que a nuestro alrededor todo cambie y tengamos la necesidad de adaptarnos a las nuevas circunstancias, a nuevos escenarios y a nuevas necesidades. Por eso, es importante estar atentos y lo más preparados posible.

El área del **canvas de las finanzas personales** destinada a la visión de futuro y, en concreto, a los gastos futuros, tiene por objetivo poner el foco en aquellas situaciones o acontecimientos que sabemos que se pueden desencadenar y tendrán impacto en nuestro bienestar financiero. Funciona como un apartado para la previsión de los escenarios que nos permiten mantener la guardia y evitar situaciones que nos obliguen a utilizar indebidamente nuestro fondo de emergencia. En cierta manera, se trata de un panel de control donde vamos a incluir todos aquellos gastos futuros que sabemos que, probablemente, deberemos afrontar pero para los cuales todavía no estamos ahorrando, o bien hemos decidido que será un gasto que ya tenemos previsto cubrir a través de nuestro fondo de emergencia.

Estos gastos futuros pueden tener para nosotros una connotación negativa, como, por ejemplo, tener que hacer una ortodoncia a nuestra hija, o una connotación positiva, como podría ser prever que nuestra hija se irá de Erasmus el próximo año. Es posible que el segundo ejemplo lo hayamos reflejado en nuestros objetivos vitales y financieros. En cualquier caso, una vez planificado y que hayamos empezado a ahorrar para afrontarlo pasará de ser un gasto futuro a estar en el área de ahorro e inversiones. En cambio, el primero, la ortodoncia, probablemente nos habrá pasado por alto, porque difícilmente vamos a poner como objetivo vital la ortodoncia de nuestra prole.

Cuando uno estrena su nuevo hogar, generalmente está muy contento y todo le parece fantástico. Pero con el tiempo empiezan a aparecer algunos problemas: la cisterna que nunca acaba de cerrar bien, el termo que se queda muy pronto sin agua caliente, o la calefacción eléctrica que tanto consume. Conforme más tiempo llevas en la casa, más conciencia tienes de que, probablemente, cualquier día el termo se estropeará y tendrás que hacer el gasto de poner uno nuevo. Generalmente, esa idea pasa a ocupar un lugar escondido de tu memoria y solo vuelve a primera línea cuando el termo efectivamente se estropea y debes cambiarlo con urgencia.

A pesar de que vivimos en tiempos de gran incertidumbre, algunas cosas están completamente claras y debemos tenerlas en nuestro horizonte de sucesos como posibilidades reales que van a impactar en nuestro bienestar financiero, porque todas ellas tienen en común que supondrán un aumento del gasto en un futuro más o menos próximo. Además, no necesariamente nos estamos refiriendo a asuntos del hogar, pueden ser de otro tipo, como por ejemplo:

- La ortodoncia que va a necesitar alguna de nuestras hijas.
- La declaración de la renta que me tocará pagar.
- La reforma del lavabo o la cocina de casa.
- La humedad que tengo en la pared del comedor.
- La derrama de la comunidad de vecinos para pintar/hacer los bajantes/reparar balcones…
- La vacuna de la mascota.

En definitiva, por muy incierto, cambiante y volátil que sea el mundo en el que vivimos, algunas cosas todavía están bajo nuestro control y podemos darnos cuenta de que, más pronto que tarde, van a suceder y en ese momento será necesario afrontar el gasto que supongan. Ponerlo sobre el papel nos va a ser de mucha ayuda para anticiparnos a esos gastos extraordinarios que tendremos no sabemos cuándo, pero sí que no tardarán excesivamente. Podríamos darnos la vuelta y no considerarlos, pero si los tenemos bajo nuestro control podremos tomar mejores decisiones sobre cómo afrontar cada uno de ellos.

Hacer esta reflexión nos ayudará a tener más presente el fondo de emergencia, a valorar más la importancia de construirlo e incluso nos puede orientar sobre el importe que debe tener.

Poniendo orden en nuestro cajón

No será necesario que hagamos una lista detallada y pormenorizada de todos y cada uno de los gastos que creemos que vamos a tener que afrontar en los próximos meses/años. Se trata de añadir aquellos que no son inmediatos pero que supondrán un gasto elevado para nuestra capacidad adquisitiva y nivel de ingresos.

Si sabemos que tenemos que comprar unas gafas nuevas a nuestra hija, o ir al dentista para un empaste, es muy probable que tengamos incluso agendado cuándo lo haremos y para cuándo está previsto ese gasto. Sin embargo, si tenemos un cuarto de baño que está como cuando adquirimos el piso hace 30 años y las griferías pierden y la bañera está ya un poco vieja, aunque no sepamos si será este año o el próximo, sí que podemos anticipar que a corto plazo deberemos afrontar o bien una reforma completa o, como mínimo, la reparación de griferías y bañera.

La reforma del lavabo es un gasto futuro que deberé incluir en la parte izquierda del área de **visión de futuro** bajo el título de **Gastos futuros** para tenerlo presente y, siempre que sea posible, será preferible anticiparse al gasto planificando el momento de efectuarlo, antes que tener que afrontarlo de urgencia y de manera imprevista porque una avería grave me obligue a tener que asumir esa cantidad de golpe y quizá a tener que utilizar el fondo de emergencia para cubrirla.

Completando el espacio de gastos futuros

María piensa con detenimiento en las diferentes áreas de su vida en las que podría aparecer un gasto importante. Actualmente dispone de una moto bastante nueva, de modo que por esta parte no espera incurrir en ningún gasto inesperado. El piso en el que vive es compartido y a ella le gustaría independizarse. Este es uno de sus objetivos vitales y sabe que en el momento que lo haga deberá destinar una mayor cantidad de dinero al alquiler y, con toda seguridad, hacer una aportación en forma de fianza que cubra un par de meses de alquiler. Piensa que, en algún momento, deberá ahorrar para tener preparada esa cantidad que habrá que aportar de golpe cuando firme el contrato de arrendamiento. De repente piensa en el colchón de su cama, lo tiene desde hace más de 12 años y lleva tiempo pensando en cambiarlo porque no descansa nada bien durante las noches.

María decide anotar en la zona de gastos futuros las palabras «fianza piso» y «colchón nuevo». Para la fianza cree que necesitará unos 1.300 € y hace un par de semanas estuvo mirando un colchón para cama de matrimonio y sabe que para la calidad que busca y las medidas que quiere, el precio rondará entre los 600 € y 700 €.

En el momento de escribir estos conceptos, María se da cuenta de que quizá debería haber empezado a ahorrar ya una parte para reunir el dinero que necesitará para una fianza. Por ahora lo deja en gastos futuros, pero quizá cuando finalice el crédito de la moto destinará una parte a preparar la fianza y otra a la entrada de su deseada autocaravana.

En el **canvas de las finanzas personales** los gastos futuros los mostrará así.

CANVAS DE FINANZAS PERSONALES

Autor: María

Fecha:

Objetivos vitales

1- Vivir de forma independiente

2- Tener una autocaravana

3- Vivir en una casa con jardín en coliving

Objetivos financieros

1- Alquilar un piso sin compartir

2- Comprar una autocaravana dentro de 5 años

3- Invertir para poder acceder a un coliving

4- Invertir para complementar mi pensión

Ingresos

Nómina: 1.500 €
Prorrateo paga beneficios: 100 €
Regalo cumple: 12,5 €
Ventas online: 7,5 €

Ingresos mensuales = 1.620 €

Gastos necesarios

Fijos

Vivienda: 390 €
Seguros: 16 €
Créditos: 190 €
Ahorro: 450 €
Impuestos: 6 €

Variables

Suministros: 95 €
Combustible: 40 €
Manutención: 320 €

Gastos mensuales necesarios = 1.207 €

Perfil de riesgo

María, recuerda que no sabes de finanzas y necesitas la ayuda de un experto para tomar las decisiones más importantes. No duermes bien sabiendo que dejas escapar oportunidades, tienes un fondo de emergencia, pero duermes peor si tus inversiones caen a partir del 10%, y entre el 15% y el 20% te resulta insoportable.

Endeudamiento

Crédito de la moto: 190 €/mes

Vencimiento

Crédito de la moto: 1 año

Fondo de emergencia

Objetivo   3.624 €
Actual   0 €
Primer año   1.950 €
Segundo año   3.624 €

Fondo de emergencia construido en 15 meses

Gastos NO necesarios

Fijos

Spotify: 10 €
Amazon: 5 €
Gimnasio: 20 €
Clases piano: 50 €

Variables

Cafés: 45 €
Vacaciones: 80 €
Bares y restaurantes: 100 €
Libros: 20 €
Cine: 10 €
Discoteca y copas: 40 €
Conciertos: 20 €

Gastos mensuales NO necesarios = 400 €

Ahorro e inversiones

Piensa que la decisión de en qué y cómo invertir depende también del plazo en el que necesitarás el dinero.

Respira y toma conciencia antes de decidir dónde y cómo invertir, pero recuerda que no tener un plan de inversiones y ahorro a la larga hará que te alejes de tus sueños y se reduzca tu capacidad adquisitiva.

1- Fondos indexados ISR
1.000 € + 100 €/mes
Rentabilidad anual esperada 4%

2- Autocaravana
50 €/mes el primer año
Iniciar cuando complete el fondo de emergencia

Visión de futuro

Gastos futuros

Fianza piso – 1.300 €
Colchón – 700 €

Ingresos futuros

Patrimonio neto

El Canvas de las finanzas personales es una herramienta creada por Vicenç Yll Escot y revisada por Jordi Martínez Llorente

Encontrarás el ejemplo del **Canvas de finanzas personales** de Elena y Carlos en el anexo.

Añadir los gastos futuros que podemos identificar en nuestra visión de futuro del **canvas de las finanzas personales** nos va a permitir observar cómo pueden impactar estos riesgos sobre nuestra economía cuando se produzcan, porque, no nos engañemos, se van a producir tarde o temprano. Además, el hecho de escribirlos nos permite ser más conscientes de ellos y nos pone en el estado de poder anticipar el impacto que tendrá ese riesgo en nuestra economía y, por lo tanto, facilita que repercuta positivamente en nuestro bienestar financiero.

Los gastos futuros se convierten en algo manejable y a estar dentro de nuestra zona de control desde el momento que los ponemos por escrito y les damos una dimensión económica, aunque solo sea como estimación. A partir de entonces pasan a ser parte de los gastos que hemos de planificar y encajar en nuestras finanzas del día a día.

Después de darle bastantes vueltas, María cree que tiene este subapartado finalizado, así que decide pasar a la parte de **Ingresos futuros** para completar la sección.

Los ingresos futuros

Llega el momento de completar esta sección y lo haremos con la parte más positiva, aquella que nos permite visualizar cuáles son aquellos ingresos que podemos percibir en el futuro y que todavía no tenemos contabilizados ya que en realidad aún no se han producido, pero sabemos que probablemente van a llegar. Esta lista de ingresos se situará en la columna de la derecha del área de **visión de futuro** y vendrá a completar la visualización y previsión que tenemos.

Luz al final del túnel

Existen estudios[2] que afirman que al ser humano le es más sencillo recordar una mala experiencia que una buena. Al parecer, nuestro instinto de supervivencia graba los malos recuerdos y emociones de forma que nos permitirá estar más preparados en el futuro si vuelven a aparecer estos malos momentos, y de este modo podremos afrontarlos o evitarlos con mayores posibilidades de éxito.

En cambio, aquello que nos provoca emociones positivas no es tan sencillo de visualizar. Somos buenos anticipando malos escenarios pero no tanto previendo los escenarios positivos. Aquello a lo que aspiramos a menudo nos negamos a evocarlo por temor a frustrarnos si nunca llega a producirse. Es mejor reprimir la aspiración que tenerla… ¡Menuda locura! ¿No te parece?

Visualizar los gastos futuros, muchas veces derivados de riesgos, e identificarlos es un trabajo relativamente sencillo al completar el **canvas de las finanzas personales**. Sin embargo, dar forma a los ingresos futuros que pueden presentarse más adelante a corto, medio y largo plazo nos cuesta más. Especialmente cuando hablamos de oportunidades relacionadas con el bienestar financiero. Por este motivo, vamos a tener que concentrarnos para llegar a ver la luz al final del túnel, porque sin duda alguna, la luz está ahí.

---

2. Baumeister, Bratslavsky, Finkenauer, & Vohs (2001), «Bad Is Stronger Than Good: The Psychological Power of Negative Events», *Review of General Psychology*.

Completando el espacio de ingresos futuros

Una vez que María ha completado la columna de los gastos futuros, empieza a pensar en aquellos ingresos que se le pueden presentar. Al principio, no se le ocurre nada, pero al cabo de un rato recuerda las clases de repaso que está dando a su sobrina y que su tía siempre le ha querido pagar. Quizá es un buen momento para empezar a cobrar por ellas y extenderlas a aquella amiga que también le pidió clases para preparar su acceso a la universidad. Dando 4 horas a la semana y cobrando unos 10 € la hora podría ingresar unos 160 € al mes de forma adicional.

Recuerda también que hace un tiempo le pidieron dar clases de refuerzo en una academia, quizá es momento de retomarlo porque dedicando un par de tardes a la semana también podría ingresar unos 200 € más al mes.

María se alegra y anota en la lista de ingresos futuros «Clases particulares» y «Academia». Es un principio y sabe que le supondrá tener casi todas las tardes ocupadas, pero por otro lado la posibilidad de incrementar sus ingresos la alegra. Su objetivo de vivir de forma independiente parece estar más cercano. En el **canvas de finanzas personales** lo visualiza así:

CANVAS DE FINANZAS PERSONALES

Autor: María   **Fecha:**

Objetivos vitales

1- Vivir de forma independiente

2- Tener una autocaravana

3- Vivir en una casa con jardín en coliving

Objetivos financieros

1- Alquilar un piso sin compartir

2- Comprar una autocaravana dentro de 5 años

3- Invertir para poder acceder a un coliving

4- Invertir para complementar mi pensión

Ingresos

Nómina: 1.500 €

Prorrateo paga beneficios: 100 €

Regalo cumple: 12,5 €

Ventas online: 7,5 €

Ingresos mensuales = 1.620 €

Gastos necesarios

Fijos

Vivienda: 390 €

Seguros: 16 €

Créditos: 190 €

Ahorro: 450 €

Impuestos: 6 €

Variables

Suministros: 95 €

Combustible: 40 €

Manutención: 320 €

Gastos mensuales necesarios = 1.207 €

Gastos NO necesarios

Fijos

Spotify: 10 €

Amazon: 5 €

Gimnasio: 20 €

Clases piano: 50 €

Variables

Cafés: 45 €

Vacaciones: 80 €

Bares y restaurantes: 100 €

Libros: 20 €

Cine: 10 €

Discoteca y copas: 40 €

Conciertos: 20 €

Gastos mensuales NO necesarios = 400 €

Patrimonio neto

Perfil de riesgo

María, recuerda que no sabes de finanzas y necesitas la ayuda de un experto para tomar las decisiones más importantes. No duermes bien sabiendo que dejas escapar oportunidades, tienes un fondo de emergencia, pero duermes peor si tus inversiones caen a partir del 10%, y entre el 15% y el 20% te resulta insoportable.

Piensa que la decisión de en qué y cómo invertir depende también del plazo en el que necesitarás el dinero.

Respira y toma conciencia antes de decidir dónde y cómo invertir, pero recuerda que no tener un plan de inversiones y ahorro a la larga hará que te alejes de tus sueños y se reduzca tu capacidad adquisitiva.

Endeudamiento

Crédito de la moto: 190 €/mes

Vencimiento

Crédito de la moto: 1 año

Fondo de emergencia

Objetivo   3.621 €

Actual   0 €

Primer año   1.950 €

Segundo año   3.621 €

Fondo de emergencia construido en 15 meses

Ahorro e inversiones

1- Fondos indexados ISR 1.000 € + 100 €/mes

Rentabilidad anual esperada 4%

2- Autocaravana 50 € / mes *el primer año*

Iniciar cuando complete el fondo de emergencia

Visión de futuro

Gastos futuros

Fianza piso - 1.300 €

Colchón - 700 €

Ingresos futuros

Clases particulares - 160 € / mes

Academia - 200 € / mes

El Canvas de las finanzas personales es una herramienta creada por Vicenç Yll Escot y revisada por Jordi Martínez Llorente

Encontrarás el ejemplo del **Canvas de finanzas personales de Elena y Carlos** en el anexo.

Al finalizar el área, María se da cuenta de que prácticamente ha completado su **canvas de las finanzas personales**, se acomoda en su silla y observa detenidamente cada área para poder hacerse una idea mejor de su situación financiera.

Siente que ha realizado un ejercicio completo y profundo. Ha llevado a cabo distintas dinámicas y técnicas para poder profundizar en su bienestar financiero y personal. Entiende mejor cómo se siente ante el peligro de pérdida de sus ahorros, cuáles son sus gastos y de qué manera puede tratar de aumentar sus ahorros. Es más consciente de la importancia de invertir para maximizar el crecimiento de sus ahorros, entiende mejor su tolerancia y aversión al riesgo y, además, pone en primera línea sus sueños y deseos, aquello que, en definitiva, la hará sentirse más realizada.

Ahora tan solo le queda finalizar su **canvas de finanzas personales** completando la sección que se encuentra en la zona inferior derecha, su **Patrimonio neto**.

10

PATRIMONIO NETO

¿Estamos financieramente bien o mal?

En ocasiones, nos puede pasar que tengamos la sensación de estar en una situación de apuro financiero. Con gastos por encima de nuestros ingresos. Con toda seguridad una situación así no es recomendable y puede traernos malestar que nos haga mantener una relación poco saludable con nuestras finanzas.

A veces puede ser que tengamos un problema de liquidez, pero que en realidad esto se deba a que gran parte de nuestro patrimonio se encuentre inmovilizado y que no podamos disponer de él de forma inmediata. Por eso es necesario que hagamos el ejercicio de averiguar cuál es nuestro patrimonio neto real.

¿Qué es el patrimonio neto?

El patrimonio neto es la cantidad de dinero que tendríamos si vendiéramos todo lo que poseemos y pagáramos todas nuestras deudas. Es una forma de medir nuestra situación financiera real.

Para calcularlo tenemos que restar el valor de lo que debemos del valor de todo lo que tenemos, es decir: activos menos pasivos. Los activos son todos los bienes y derechos que podemos convertir en dinero, como nuestra casa, nuestro coche, nuestra cuenta bancaria o nuestras inversiones. Los pasivos son todas las obligaciones financieras que tenemos, como nuestra hipoteca, nuestro préstamo personal o nuestra tarjeta de crédito.

PATRIMONIO NETO = TODO LO QUE TENEMOS − TODO LO QUE DEBEMOS

PATRIMONIO NETO = ACTIVOS − PASIVOS

El patrimonio neto puede ser positivo o negativo. Si es positivo, significa que tenemos más activos que pasivos, y que, en un caso extremo, seríamos capaces de cancelar todas nuestras deudas y aún nos quedaría dinero. Si es negativo, significa que debemos más de lo que tenemos, y que no podríamos pagar todas nuestras deudas ni vendiendo todos nuestros activos.

¿Por qué es importante conocer nuestro patrimonio neto? Porque nos ayuda a tener una visión global de nuestra salud financiera y nos permite plantearnos la toma de mejores decisiones sobre nuestro dinero. Por ejemplo, si nuestro patrimonio neto es negativo o muy bajo, quizá deberíamos reducir nuestros gastos, empezando por los NO necesarios, e intentar aumentar los ingresos. También sería una opción buscar formas de eliminar o reducir nuestra deuda. Si el patrimonio neto es positivo, probablemente podríamos ahorrar más, invertir y aprovechar oportunidades.

El patrimonio neto no es una cifra estática, sino que va cambiando con el tiempo. Por eso, es conveniente que lo revisemos periódicamente y que lo ajustemos según nuestros objetivos y circunstancias. Recordemos que el patrimonio neto no es un fin en sí mismo, sino un medio para alcanzar nuestro bienestar financiero y personal. De alguna manera, el patrimonio neto nos da información acerca de cómo está evolucionando nuestra situación financiera.

¿Cuándo calcular el patrimonio neto?

Este es el último apartado del **canvas de finanzas personales**, pero podría haber sido el primero, pues saber cuál es nuestro patrimonio financiero es un buen punto de partida. Nosotros hemos preferido ponerlo al final porque entendemos que es más fácil calcularlo y tenerlo presente después de haber hecho todo el trabajo de reflexión y autoconocimiento que supone rellenar el **canvas de finanzas personales**.

Te recomendamos guardar el **canvas** cada vez que lo hagas. De este modo, podrás ver la evolución de cada área y será especialmente relevante comparar el patrimonio neto en distintos momentos del tiempo para ver si va creciendo o, por el contrario, se va reduciendo y así poder tomar las decisiones oportunas.

Completando el área del patrimonio neto

Vamos a finalizar nuestro ejemplo del **canvas de finanzas personales** con el caso de María. En este sentido, como activos tiene la moto, que valora en unos 4.000 €, el móvil de unos 350 €, el ordenador de 700 €, unas joyas que le dio su abuela y que estima en unos 1.000 €, y lo que ha empezado a ahorrar. Y como pasivo tiene el importe que le queda pendiente del préstamo de la moto que asciende a 2.280 €.

En el **canvas de finanzas personales** el patrimonio neto se representa de la siguiente manera.

CANVAS DE FINANZAS PERSONALES

Autor: María   Fecha:

Objetivos vitales

1- Vivir de forma independiente

2- Tener una autocaravana

3- Vivir en una casa con jardín en coliving

Objetivos financieros

1- Alquilar un piso sin compartir

2- Comprar una autocaravana dentro de 5 años

3- Invertir para poder acceder a un coliving

4- Invertir para complementar mi pensión

Ingresos

Nómina: 1.500 €
Prorrateo paga beneficios: 100 €
Regalo cumple: 12,5 €
Ventas online: 7,5 €

Ingresos mensuales= 1.620 €

Gastos necesarios

Fijos
Vivienda: 390 €
Seguros: 16 €
Créditos: 190 €
Ahorro: 450 €
Impuestos: 6 €

Variables
Suministros: 95 €
Combustible: 40 €
Manutención: 320 €

Gastos mensuales necesarios = 1.207 €

Perfil de riesgo

María, recuerda que no sabes de finanzas y necesitas la ayuda de un experto para tomar las decisiones más importantes. No duermes bien sabiendo que dejas escapar oportunidades, tienes un fondo de emergencia, pero duermes peor si tus inversiones caen a partir del 10%, y entre el 15% y el 20% te resulta insoportable.

Piensa que la decisión de en qué y cómo invertir depende también del plazo en el que necesitarás el dinero.

Respira y toma conciencia antes de decidir dónde y cómo invertir, pero recuerda que no tener un plan de inversiones y ahorro a la larga hará que te alejes de tus sueños y se reduzca tu capacidad adquisitiva.

Endeudamiento

Crédito de la moto: 190 €/mes

Vencimiento

Crédito de la moto: 1 año

Fondo de emergencia

Objetivo   3.624 €

Actual   0 €

Primer año   1.950 €

Segundo año   3.624 €

Fondo de emergencia construido en 15 meses

Gastos NO necesarios

Fijos
Spotify: 10 €
Amazon: 5 €
Gimnasio: 20 €
Clases piano: 50 €

Gastos mensuales NO necesarios = 400 €

Variables
Cafés: 45 €
Vacaciones: 80 €
Bares y restaurantes: 100 €
Libros: 20 €
Cine: 10 €
Discoteca y copas: 40 €
Conciertos: 20 €

Ahorro e inversiones

1- Fondos indexados ISR
1.000 € / 100 €/mes
Rentabilidad anual esperada: 4%

2- Autocaravana
50 € / mes el primer año

Iniciar cuando complete el fondo de emergencia

Visión de futuro

Gastos futuros

*Fianza piso – 1.300 €
Colchón – 700 €*

Ingresos futuros

*Clases particulares – 160 €/mes
Academia – 200 €/mes*

Patrimonio neto

Activo
*Moto +4.000 €
Móvil +350 €
Ordenador +700 €
Joyas +1.000 €*

Pasivo   *Préstamo - 2.280 €*

Total Pat. neto   +3.770 €

El Canvas de las finanzas personales es una herramienta creada por Vicenç Vil Escoi y revisada por Jordi Martínez Llorente

Encontrarás el ejemplo del **Canvas de finanzas personales personales de Elena y Carlos en el anexo.**

Como podemos ver, hemos añadido todos los activos de María en positivo y sus pasivos en negativo para finalmente hacer la operación de sumar los activos y restar los pasivos. En el caso de María, el resultado total es de un patrimonio neto de 3.770 €, y esto la tranquiliza ya que ve que, a día de hoy, su resultado es positivo y que con los planes de ahorro e inversión que está realizando, es muy probable que en los próximos meses y años este valor vaya aumentando.

El patrimonio personal

Tu patrimonio financiero es lo que acabamos de definir, pero como persona tienes otro patrimonio no cuantificable: tu salud, tus relaciones, tus conocimientos, tus talentos y habilidades, todos ellos, conceptos tanto o más importantes que el patrimonio financiero. Hacerlos crecer también te proporcionará más bienestar.

Os recomendamos que en una hoja en blanco tratéis de listar cada uno de esos patrimonios para poder tener una mejor perspectiva de lo que suponen para vosotros y para vuestra vida. Conocer nuestro patrimonio de una forma completa nos ayudará a tener una mejor relación en los tres ámbitos del bienestar: físico, emocional y financiero.

Con este apartado has acabado tu **canvas de finanzas personales**, enhorabuena por haber llegado hasta aquí. Has empezado a tomar el control de tu economía personal y esto repercutirá en un mayor bienestar financiero y, en consecuencia, también en un mayor bienestar personal. Ha sido un placer hacer este recorrido contigo, ahora tienes más herramientas para continuar tu camino hacia el bienestar financiero.

11

CONSIDERACIONES FINALES

Caminante no hay camino, se hace camino al andar

Cuando empezamos a plantear la creación de este libro sabíamos que en diversos momentos de su desarrollo nos encontraríamos con la incógnita de si debíamos crear un documento sobre finanzas o un texto más orientado al bienestar. La verdad es que el texto que hemos elaborado trata de mantener un equilibrio entre los conocimientos básicos que necesitas para poder tener una relación sana con tus finanzas y aquellos aspectos que debes tener en consideración para que la toma de decisiones financieras no se convierta en una tortura.

Sabemos que actualmente una gran cantidad de personas viven su día a día sin apenas capacidad de ahorrar y mucho menos invertir. También sabemos que la aversión al riesgo de nuestra sociedad es muy alta y eso es algo que puede dificultar tu capacidad para estructurar un buen plan de inversiones a medio y largo plazo.

También somos conscientes de que, aunque la mayoría de decisiones personales conllevan una decisión financiera, muchas cosas que nos hacen felices y nos proporcionan bienestar físico y emocional no cuestan ni implican dinero. Descubre cuáles son las tuyas y aprovéchalas.

A lo largo del libro lo hemos repetido varias veces, pero nos gustaría volver a reiterarlo. Existen asociaciones profesionales[1]

---

1. Un ejemplo sería la European Financial Planning Association (EFPA), <www.efpa.es>.

que agrupan a personas que se dedican a asesorar financieramente y que te pueden ayudar en tu camino hacia el wellness financiero. Del mismo modo, es muy importante que hagáis un ejercicio sincero de autoconocimiento para ver cuál es vuestro perfil de riesgo, no en vano la frase «el conocimiento es poder» es completamente válida en este contexto.

¿Qué esperamos de este libro?

El objetivo al redactar este libro ha sido dar a conocer una herramienta que creemos que es de fácil aplicación y te ayudará a ordenar tus finanzas personales con un criterio de bienestar pero sin pretender sentar cátedra de nada. Existen métodos diversos para organizar tus finanzas personales, y quizá ya estés utilizando alguno.

Pero si, por el contrario, todavía no tienes un método y no sabes muy bien por dónde empezar, creemos que el **canvas de las finanzas personales** puede ser una excelente herramienta que te ayudará a conocerte mejor, a organizar tu presupuesto y a tomar las mejores decisiones en cuanto a endeudamiento, ahorro e inversiones.

Durante la lectura habrás podido ver el caso de María y el de Elena y Carlos. Probablemente tú en su situación hubieras tomado decisiones distintas, esta es la gracia de las finanzas personales, que pese a tomar decisiones diferentes no tienen por qué ser mejores o peores en general, pero pueden acercarte o alejarte de tus objetivos vitales. Trata siempre de tomar aquellas decisiones que te acerquen a vivir con el mayor bienestar financiero que te sea posible alcanzar.

No olvides que estamos en este mundo para tratar de ser felices, tu relación con el dinero debería basarse en este principio, y tener una mirada puesta en el largo plazo ayuda en gran medida a alcanzar dicho objetivo.

Cuando hayas completado tu **canvas de las finanzas personales consérvalo** al alcance de tu mano. Procura revisarlo cada vez que debas tomar alguna decisión financiera y plantéate actualizarlo periódicamente. Esperamos que te sea útil.

AGRADECIMIENTOS

Este libro no hubiera sido posible si Ferran Teixes, el director general del Instituto de Estudios Financieros, no nos hubiera puesto en contacto. Además tenemos que agradecerle que se haya prestado a escribir el prólogo.

También queremos agradecer a Jordi Mercader (CEO de inbestMe), Anna Rodríguez, Jordi Martínez Solé, Claudia Fernández Giua, Ainhoa Rodríguez Narano, Carolina Expósito Contreras, Jaume Gurt y Sión Serra por haber leído y hecho aportaciones al primer manuscrito del libro; sin duda nos han ayudado a mejorarlo y hacerlo más accesible a todos los lectores.

Muchas gracias también al equipo del IEF por su generosidad y predisposición para probar la primera versión del **canvas de finanzas personales** en una formación piloto en la que aprendimos mucho de sus aportaciones y nos animó a creer en la herramienta y su potencia para transformar la vinculación con las finanzas personales en una relación basada en el wellness financiero.

Agradecemos también el apoyo de Carolina, Héctor y Roc (pareja e hijos de Vicenç) y de Claudia, Valentina y Eulàlia (pareja e hijas de Jordi), por su comprensión y apoyo incondicional durante el proceso de creación de este libro, sin vuestro amor incondicional y mirada comprensiva no hubiera sido posible robaros algunas horas para dedicarlas a este proyecto.

Y por último, muchas gracias a Profit Editorial, en especial a Carolina Hernández, Francesc Tresens y Alexandre Amat por creer desde un inicio en el proyecto y brindarnos la oportunidad de estar, aquí y ahora, entre las manos y la mirada de cada lector.

ANEXO 1: CASO PRÁCTICO
DE UNA PAREJA

Elena y Carlos, pareja con dos hijas

Para presentar el caso de una pareja con hijas vamos a daros algo de información de quiénes son Elena y Carlos.

Elena tiene 42 años, es licenciada en Química, trabaja en una multinacional. Tiene unos ingresos mensuales de 2.300 € y dos pagas extras del mismo importe. Al final del año suele recibir una gratificación de 3.000 € en concepto de objetivos.

Carlos, de 41 años, es licenciado en Geografía, trabaja de profesor en un instituto. Ahora tiene jornada reducida por cuidado de hijos y percibe 1.530 € al mes, más dos pagas extras de 1.100 €. Si trabajara a jornada completa estos ingresos subirían a 1.950 € y las pagas a 1.300 €.

Tienen dos hijas de 7 y 2 años. La mayor, Valentina, va a la escuela pública y la pequeña, Eulalia, a una guardería privada del barrio.

Son propietarios de un piso valorado en unos 250.000 € con una hipoteca pendiente de 98.000 € por la que están pagando 1.020 € al mes, y que liquidarán en 8 años y medio. También tienen un préstamo de la compra del coche del que les quedan pendientes 15 cuotas de 345 € mensuales.

Veranean en un pueblecito del Pirineo donde algún día les gustaría tener un pequeño apartamento en propiedad como segunda residencia.

1. Objetivos vitales y financieros

Elena y Carlos realizan la dinámica del puente hacía el futuro y consensúan que sus tres principales objetivos vitales, aquellos en los que se quieren focalizar son: tener una segunda residencia en el Pirineo dentro de unos años, poder hacer frente a los gastos universitarios de sus hijas y no tener que pedir un préstamo para el próximo coche o, en caso de pedirlo, que sea de un importe razonable. En consecuencia, establecen sus objetivos financieros y los plasman de la siguiente forma en su área correspondiente del **canvas de finanzas personales**.

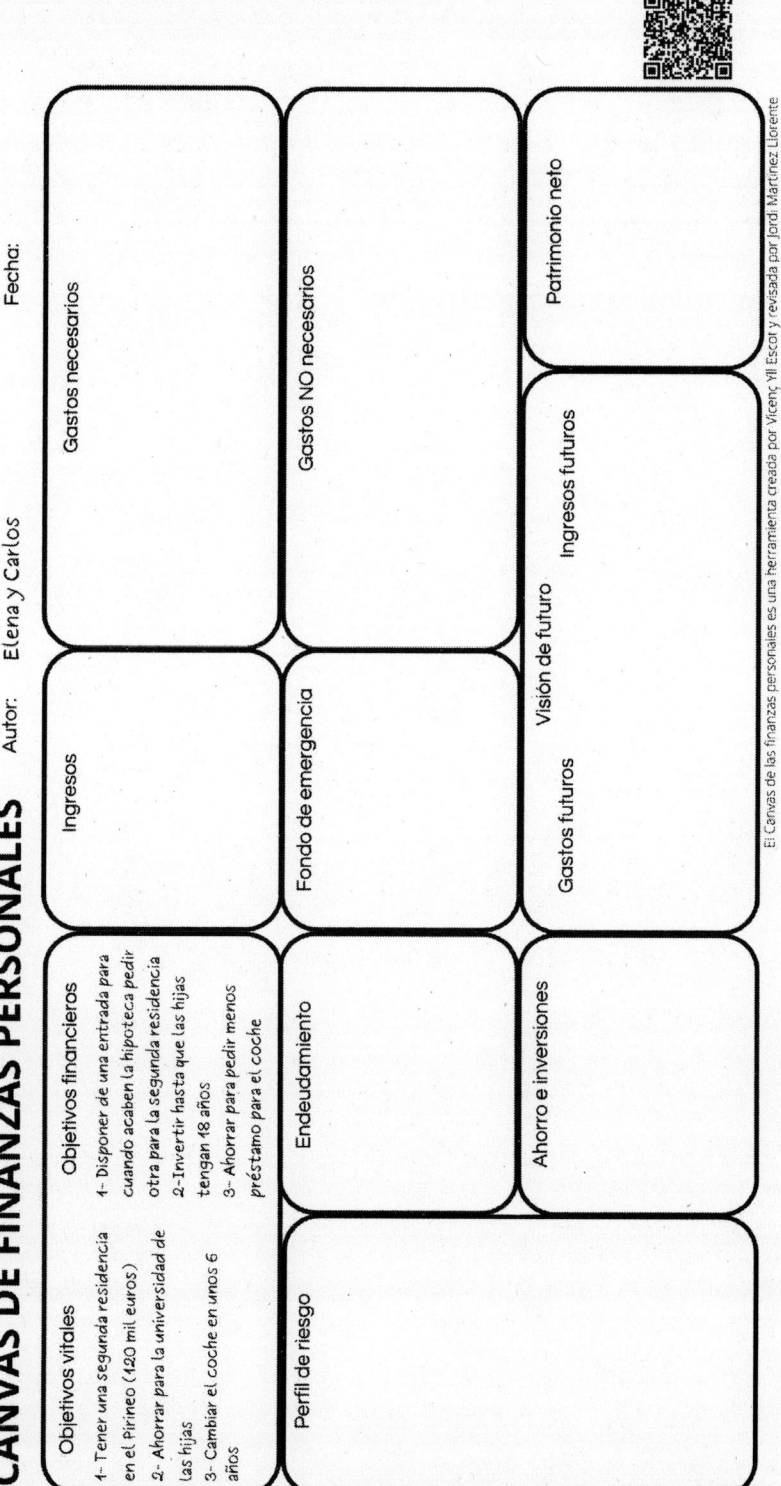

CANVAS DE FINANZAS PERSONALES

Autor: Elena y Carlos

Fecha:

Objetivos vitales

1- Tener una segunda residencia en el Pirineo (420 mil euros)

2- Ahorrar para la universidad de las hijas

3- Cambiar el coche en unos 6 años

Objetivos financieros

1- Disponer de una entrada para cuando acaben la hipoteca pedir otra para la segunda residencia

2- Invertir hasta que las hijas tengan 18 años

3- Ahorrar para pedir menos préstamo para el coche

Gastos necesarios

Ingresos

Gastos NO necesarios

Fondo de emergencia

Patrimonio neto

Ingresos futuros

Visión de futuro

Gastos futuros

Perfil de riesgo

Endeudamiento

Ahorro e inversiones

El Canvas de las finanzas personales es una herramienta creada por Vicenç Yll Escor y revisada por Jordi Martínez Llorente

2. Ingresos

Elena y Carlos son asalariados y no reciben ingresos extras, con lo que es relativamente sencillo calcular sus ingresos. Las pagas extraordinarias y las ligadas a beneficios se han prorrateado, es decir se han dividido entre doce para tener el importe mensual correspondiente. Una vez las han listado las incluyen en el **canvas de finanzas personales**.

CANVAS DE FINANZAS PERSONALES

Autor: Elena y Carlos

Fecha:

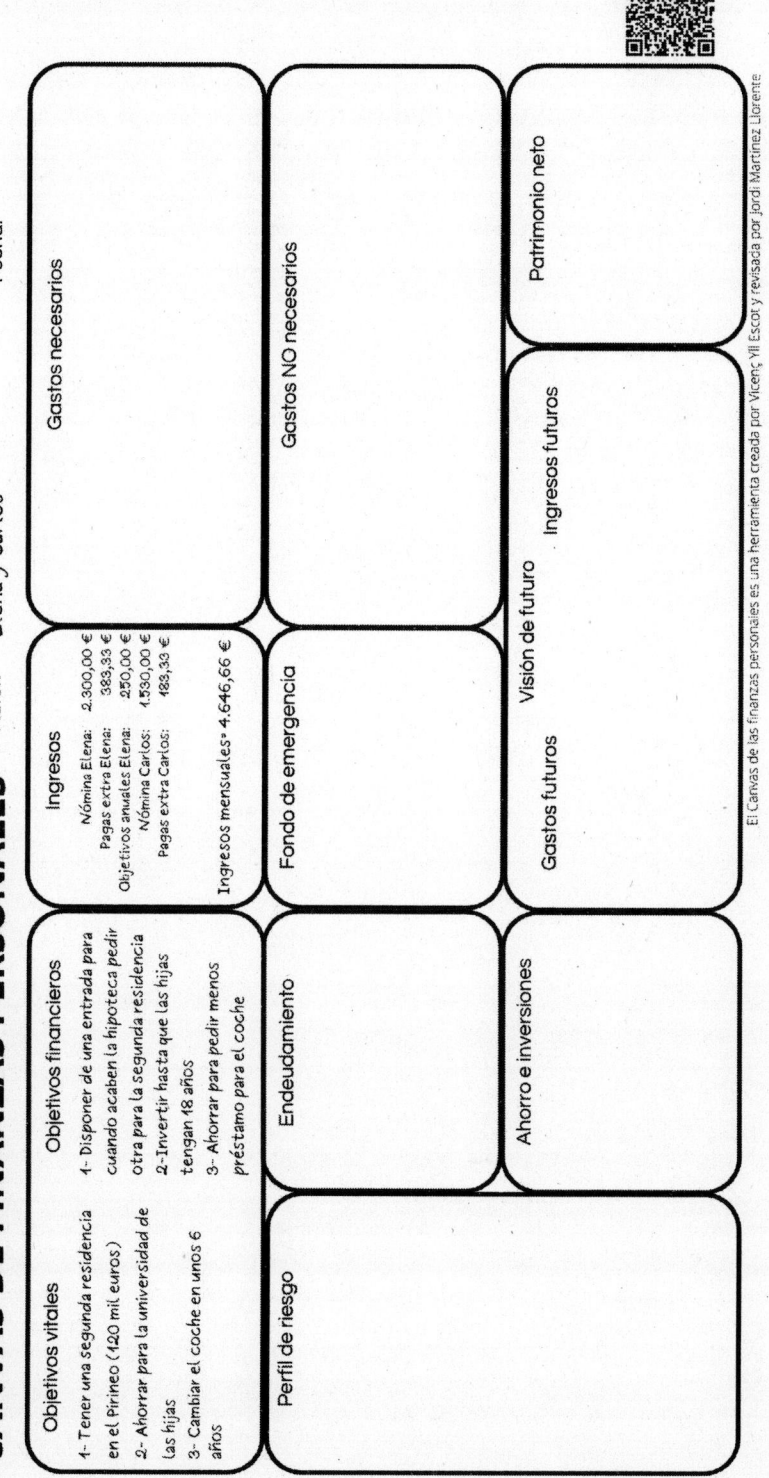

Objetivos vitales

1- Tener una segunda residencia en el Pirineo (420 mil euros)

2- Ahorrar para la universidad de las hijas

3- Cambiar el coche en unos 6 años

Objetivos financieros

1- Disponer de una entrada para cuando acaben la hipoteca pedir otra para la segunda residencia

2- Invertir hasta que las hijas tengan 18 años

3- Ahorrar para pedir menos préstamo para el coche

Ingresos

Nómina Elena:	2.300,00 €
Pagas extra Elena:	383,33 €
Objetivos anuales Elena:	250,00 €
Nómina Carlos:	1.530,00 €
Pagas extra Carlos:	183,33 €

Ingresos mensuales= 4.646,66 €

Gastos necesarios

Gastos NO necesarios

Patrimonio neto

Perfil de riesgo

Endeudamiento

Fondo de emergencia

Gastos futuros

Visión de futuro

Ingresos futuros

Ahorro e inversiones

El Canvas de las finanzas personales es una herramienta creada por Vicenç Yll Escot y revisada por Jordi Martínez Llorente

3. Gastos necesarios

La pareja ha llevado a cabo la actividad de la «montaña de tickets». Han estado todo el mes recogiendo hasta el más mínimo gasto, así como pensando en aquellos que por periodicidad caen en otros meses, como por ejemplo, el impuesto de circulación. También los mensualizan para tener el importe de gasto mensual. Este es el detalle de sus gastos:

Gasto	Categoría	Importe mensual
Hipoteca o alquiler	Vivienda	1.020,00 €
Seguro del coche	Seguros	36,00 €
Seguro del hogar	Seguros	20,00 €
Impuesto de circulación	Impuestos	13,00 €
IBI	Impuestos	85,00 €
Luz	Suministros	90,00 €
Agua	Suministros	40,00 €
Gas	Suministros	120,00 €
Internet y móvil	Suministros	110,00 €
Letra coche	Créditos	345,00 €
Gasolina	Combustible	120,00 €
Supermercado	Manutención	760,00 €
Comedor Valentina	Manutención	140,00 €
Extraescolar	Educación	60,00 €
Guardería Eulalia	Educación	380,00 €
Farmacia	Manutención	15,00 €
Ropa	Manutención	65,00 €
Ahorro	Ahorro	400,00 €
Ahorro hijas	Ahorro	60,00 €
Total		**3.879 €**

Agrupado por conceptos quedaría así:

Categoría	Importe mensual	Fijo/Variable
Vivienda	1.020,00 €	Fijo
Seguros	56,00 €	Fijo
Impuestos	98,00 €	Fijo
Suministros	360,00 €	Variable
Créditos	345,00 €	Fijo
Combustible	120,00 €	Variable
Manutención	980,00 €	Variable
Educación	440,00 €	Fijo
Ahorro	460,00 €	Fijo
	3.879 €	

Y en su **canvas de finanzas personales** se verá reflejado de la siguiente forma.

CANVAS DE FINANZAS PERSONALES

Autor: Elena y Carlos   Fecha:

Objetivos vitales

1- Tener una segunda residencia en el Pirineo (120 mil euros)

2- Ahorrar para la universidad de las hijas

3- Cambiar el coche en unos 6 años

Objetivos financieros

1- Disponer de una entrada para cuando acaben la hipoteca pedir otra para la segunda residencia

2- Invertir hasta que las hijas tengan 18 años

3- Ahorrar para pedir menos préstamo para el coche

Ingresos

Nómina Elena:	2.300,00 €
Pagas extra Elena:	383,33 €
Objetivos anuales Elena:	250,00 €
Nómina Carlos:	1.530,00 €
Pagas extra Carlos:	183,33 €

Ingresos mensuales= 4.646,66 €

Gastos necesarios

Fijos

Vivienda:	1.020 €
Seguros:	56 €
Impuestos:	98 €
Créditos:	345 €
Educación:	440 €
Ahorro:	460 €

Variables

Suministros:	360 €
Combustible:	120 €
Manutención:	980 €

Gastos mensuales necesarios = 3.879 €

Gastos NO necesarios

Patrimonio neto

Visión de futuro

Gastos futuros

Ingresos futuros

Fondo de emergencia

Endeudamiento

Ahorro e inversiones

Perfil de riesgo

El Canvas de las finanzas personales es una herramienta creada por Viceng Yll Escot y revisada por Jordi Martinez Llorente

4. Gastos NO necesarios

En cuanto a los gastos NO necesarios, también han mensualizado los importes, cuyo detalle es el siguiente:

Gasto	Importe mensual	Fijo/Variable
Spotify	9,00 €	Fijo
Amazon	5,00 €	Fijo
Cafés	90,00 €	Variable
Vacaciones	150,00 €	Variable
Gimnasio	50,00 €	Fijo
Yoga	50,00 €	Fijo
Bares y restaurantes	260,00 €	Variable
Libros	60,00 €	Variable
Cine	40,00 €	Variable
Teatro	40,00 €	Variable
Conciertos	10,00 €	Variable
Total	**764 €**	

Que se refleja así en el **canvas de finanzas personales**.

CANVAS DE FINANZAS PERSONALES

Autor: Elena y Carlos　　　　**Fecha:**

Objetivos vitales

1- Tener una segunda residencia en el Pirineo (120 mil euros)

2- Ahorrar para la universidad de las hijas

3- Cambiar el coche en unos 6 años

Objetivos financieros

1- Disponer de una entrada para cuando acaben la hipoteca pedir otra para la segunda residencia

2- Invertir hasta que las hijas tengan 18 años

3- Ahorrar para pedir menos préstamo para el coche

Ingresos

Nómina Elena:	2.300,00 €
Pagas extra Elena:	383,33 €
Objetivos anuales Elena:	250,00 €
Nómina Carlos:	1.530,00 €
Pagas extra Carlos:	183,33 €

Ingresos mensuales = 4.646,66 €

Gastos necesarios

Fijos

Vivienda:	1.020 €
Seguros:	56 €
Impuestos:	98 €
Créditos:	345 €
Educación:	440 €
Ahorro:	460 €

Variables

Suministros:	360 €
Combustible:	120 €
Manutención:	980 €

Gastos mensuales necesarios = 3.879 €

Gastos NO necesarios

Fijos

Spotify:	9 €
Amazon:	5 €
Gimnasio:	50 €
Yoga:	50 €

Variables

Cafés:	90 €
Vacaciones:	150 €
Bares y restaurantes:	260 €
Libros:	60 €
Cine:	40 €
Teatro:	40 €
Conciertos:	10 €

Gastos mensuales NO necesarios = 764 €

Perfil de riesgo

Fondo de emergencia

Endeudamiento

Visión de futuro

Gastos futuros

Ingresos futuros

Ahorro e inversiones

Patrimonio neto

El Canvas de las finanzas personales es una herramienta creada por Vicenç Yll Escol y revisada por Jordi Martínez Llorente

5. Fondo de emergencia

Dado que los gastos necesarios de nuestra pareja suben a 3.879 €
y quieren disponer de tres veces dicho importe, necesitan ahorrar 11.637 €. El año pasado decidieron empezar a ahorrar siste-
máticamente, y tienen ya 4.800 € en una cuenta. Aparte, desde
que nacieron las niñas invierten para pagar, en caso de que va-
yan a la universidad, los gastos de la misma. Ahora que conocen la importancia de disponer de un fondo de emergencia han
decidido que los 4.800 € los destinarán al mismo pero que lo de
las niñas seguirá su curso.

Durante 15 meses más destinarán los 400 € de ahorro al fondo
de emergencia y así lo tendrán completo. Deciden que en aquel
momento hablarán de si vale la pena destinar un poco más para
darle más robustez al mismo.

Una vez hecho el ejercicio, lo plasman en su **canvas de finanzas personales** de la siguiente forma.

CANVAS DE FINANZAS PERSONALES

Autor: Elena y Carlos   **Fecha:**

Objetivos vitales

1- Tener una segunda residencia en el Pirineo (120 mil euros)

2- Ahorrar para la universidad de las hijas

3- Cambiar el coche en unos 6 años

Objetivos financieros

1- Disponer de una entrada para cuando acaben la hipoteca pedir otra para la segunda residencia

2- Invertir hasta que las hijas tengan 18 años

3- Ahorrar para pedir menos préstamo para el coche

Ingresos

Nómina Elena:	2.300,00 €
Pagas extra Elena:	383,33 €
Objetivos anuales Elena:	250,00 €
Nómina Carlos:	1.530,00 €
Pagas extra Carlos:	183,33 €

Ingresos mensuales = 4.646,66 €

Gastos necesarios

Fijos

Vivienda:	1.020 €
Seguros:	56 €
Impuestos:	98 €
Créditos:	345 €
Educación:	440 €
Ahorro:	460 €

Variables

Suministros:	360 €
Combustible:	420 €
Manutención:	980 €

Gastos mensuales necesarios = 3.879 €

Gastos NO necesarios

Fijos

Spotify:	9 €
Amazon:	5 €
Gimnasio:	50 €
Yoga:	50 €

Variables

Cafés:	90 €
Vacaciones:	150 €
Bares y restaurantes:	260 €
Libros:	60 €
Cine:	40 €
Teatro:	40 €
Conciertos:	10 €

Gastos mensuales NO necesarios = 764 €

Fondo de emergencia

Objetivo	11.637 €
Actual	4.800 €
Primer año	9.600 €
Segundo año	11.637 €

Fondo de emergencia construido en 17 meses

Endeudamiento

Perfil de riesgo

Visión de futuro

Gastos futuros

Ingresos futuros

Ahorro e inversiones

Patrimonio neto

El Canvas de las finanzas personales es una herramienta creada por Vicenç Yll Escot y revisada por Jordi Martínez Llorente

6. Endeudamiento

Elena y Carlos tienen una hipoteca que vence en 8 años por la que pagan 1.020 € mensuales. Por otro lado, todavía les quedan 15 cuotas del préstamo del coche de 345 € cada una. Añaden esa información al área de endeudamiento del **canvas de finanzas personales**.

CANVAS DE FINANZAS PERSONALES

Autor: Elena y Carlos   **Fecha:**

Objetivos vitales

1- Tener una segunda residencia en el Pirineo (120 mil euros)

2- Ahorrar para la universidad de las hijas

3- Cambiar el coche en unos 6 años

Objetivos financieros

1- Disponer de una entrada para cuando acaben la hipoteca pedir otra para la segunda residencia

2- Invertir hasta que las hijas tengan 18 años

3- Ahorrar para pedir menos préstamo para el coche

Ingresos

Nómina Elena:	2.300,00 €
Pagas extra Elena:	383,33 €
Objetivos anuales Elena:	250,00 €
Nómina Carlos:	1.530,00 €
Pagas extra Carlos:	183,33 €

Ingresos mensuales = 4.646,66 €

Gastos necesarios

Fijos
Vivienda:	1.020 €
Seguros:	56 €
Impuestos:	98 €
Créditos:	345 €
Educación:	440 €
Ahorro:	460 €

Variables
Suministros:	360 €
Combustible:	120 €
Manutención:	980 €

Gastos mensuales necesarios = 3.879 €

Gastos NO necesarios

Fijos
Spotify:	9 €
Amazon:	5 €
Gimnasio:	50 €
Yoga:	50 €

Variables
Cafés:	90 €
Vacaciones:	150 €
Bares y restaurantes:	260 €
Libros:	60 €
Cine:	40 €
Teatro:	40 €
Conciertos:	10 €

Gastos mensuales NO necesarios = 764 €

Fondo de emergencia

Objetivo	11.637 €
Actual	4.800 €
Primer año	9.600 €
Segundo año	11.637 €

Fondo de emergencia construido en 17 meses

Endeudamiento

Hipoteca: 1.020 €/mes
Coche: 345 €/mes

Vencimiento
Hipoteca: 8 años
Coche: 15 cuotas mensuales

Perfil de riesgo

Ahorro e inversiones

Visión de futuro

Gastos futuros

Ingresos futuros

Patrimonio neto

El Canvas de las finanzas personales es una herramienta creada por Vicenç Yll Escot y revisada por Jordi Martínez Llorente

7. Perfil de riesgo

Elena y Carlos se someten al «interrogatorio». En pareja es todavía más complejo, pues cada cual tiene su forma de ver las cosas, pero también es más importante, pues hay que consensuar las respuestas para poder afrontar los próximos pasos con mayor bienestar. A continuación, las preguntas y respuestas de la pareja:

- ¿Cómo te sentirías si una inversión se redujera un 10 %?

  —Depende del objetivo para el que estemos ahorrando, si es a largo plazo lo llevaríamos bien, si en cambio es a corto plazo, nos costaría aceptarlo.

- ¿Qué tal te encontrarías sabiendo que tus ahorros no están garantizados y pueden verse reducidos?

  —Una vez tengamos el fondo de emergencia sentiremos que podemos arriesgar una mayor parte de nuestras inversiones. Hasta entonces preferiríamos exponernos con un importe más pequeño.

- ¿Cómo te sentirías sabiendo que tus ahorros serán exactamente los mismos y no se incrementarán durante todo el tiempo que estés ahorrando?

  —Nos generaría cierta frustración. Si hacemos todo esto es para que, al menos, nuestro dinero no pierda valor.

- ¿Cómo te sentirías sabiendo que el capital que estás ahorrando estará retenido durante los próximos cuatro años sin posibilidad de acceder a él?

  —Lo entenderíamos si es un importe que no vamos a necesitar a corto plazo. Ya lo estamos haciendo para el ahorro de la universidad de nuestras hijas.

- ¿Qué tipo de conocimientos sobre inversión tienes?

  —Tenemos conocimientos limitados. Solo contratamos lo que nos ha ofrecido en su momento el banco.

- ¿Es posible que necesites el apoyo de un experto para que te asesore en la toma de decisiones financieras? En caso de que consideres necesario un asesor, ¿qué cualidades debería tener esa persona? ¿Sabes dónde encontrarlo?

  —Sí, necesitaríamos ayuda. Por ejemplo, tenemos una inversión para la universidad de nuestras hijas, pero no sabemos qué comisiones implica ni si hay alternativas mejores.

- ¿Cuál es la situación actual en tu vida para invertir en productos en los que existe la posibilidad de perder parte del capital?

  —Tenemos el piso pagado en su mayor parte, pero todavía nos queda parte de deuda. Por otro lado, todavía no tenemos completado el fondo de emergencia.

- ¿Cuál podría ser tu límite de tolerancia ante la pérdida?

  —Podríamos asumir perder un máximo del 20-25 % sobre una inversión concreta.

- ¿Tienes un fondo de emergencia?

  Tenemos una parte del mismo y lo seguimos construyendo.

- ¿Cuándo vas a necesitar el dinero?

  —El que estamos invirtiendo ahora lo necesitaremos dentro de unos 10 años, y para el cambio de coche en unos 6 años.

- ¿Has invertido anteriormente? ¿En qué tipo de productos?

  —Hemos invertido solo en el fondo de inversión para la universidad de nuestras hijas que nos ofreció el banco.

Al finalizar la dinámica del «interrogatorio», la pareja redacta su carta

Elena y Carlos, recordad que tenéis conocimientos limitados de finanzas y un asesoramiento experto os será útil. No queréis tomar riesgos mientras estáis construyendo el fondo de emergencia, una vez lo tengáis podéis destinar una parte del ahorro a inversiones de mayor riesgo.

Podéis tolerar pérdidas de hasta el 25 % en alguna inversión puntual, pero una caída brusca superior al 10 % os puede poner en una situación de malestar.

Ahora estáis centrados en el fondo de emergencia, pero en cuanto podáis queréis empezar a organizar vuestro futuro a través de un plan de inversiones y ahorro que os permita vivir con mayor tranquilidad.

Una vez redactada la carta, Elena y Carlos la copian en su área del **canvas de finanzas personales**.

CANVAS DE FINANZAS PERSONALES

Autor: Elena y Carlos   **Fecha:**

Objetivos vitales

1- Tener una segunda residencia en el Pirineo (420 mil euros)

2- Ahorrar para la universidad de las hijas

3- Cambiar el coche en unos 6 años

Objetivos financieros

1- Disponer de una entrada para cuando acaben la hipoteca pedir otra para la segunda residencia

2- Invertir hasta que las hijas tengan 18 años

3- Ahorrar para pedir menos préstamo para el coche

Ingresos

Nómina Elena:	2.300,00 €
Pagas extra Elena:	383,33 €
Objetivos anuales Elena:	250,00 €
Nómina Carlos:	1.530,00 €
Pagas extra Carlos:	183,33 €

Ingresos mensuales = 4.646,66 €

Gastos necesarios

Fijos

Vivienda:	1.020 €
Seguros:	56 €
Impuestos:	98 €
Créditos:	345 €
Educación:	440 €
Ahorro:	460 €

Variables

Suministros:	360 €
Combustible:	420 €
Manutención:	980 €

Gastos mensuales necesarios = 3.879 €

Perfil de riesgo

Elena y Carlos, recordad que tenéis conocimientos limitados de finanzas y un asesoramiento experto os será útil. No queréis tomar riesgos mientras estáis construyendo el fondo de emergencia, una vez lo tengáis podéis destinar una parte del ahorro a inversiones de mayor riesgo.

Podéis tolerar pérdidas de hasta el 25% en alguna inversión puntual, pero una caída brusca superior al 10% os puede poner en una situación de malestar.

Ahora estáis centrados en el fondo de emergencia, pero en cuanto podáis queréis empezar a organizar vuestro futuro a través de un plan de inversiones y ahorro que os permita vivir con mayor tranquilidad.

Endeudamiento

Hipoteca: 1.020 €/mes
Coche: 345 €/mes

Vencimiento

Hipoteca: 8 años
Coche: 15 cuotas mensuales

Fondo de emergencia

Objetivo	11.637 €
Actual	4.800 €
Primer año	9.600 €
Segundo año	11.637 €

Fondo de emergencia construido en 17 meses

Gastos NO necesarios

Fijos

Spotify:	9 €
Amazon:	5 €
Gimnasio:	50 €
Yoga:	50 €

Variables

Cafés:	90 €
Vacaciones:	150 €
Bares y restaurantes:	260 €
Libros:	60 €
Cine:	40 €
Teatro:	40 €
Conciertos:	10 €

Gastos mensuales NO necesarios = 764 €

Ahorro e inversiones

Visión de futuro

Gastos futuros

Ingresos futuros

Patrimonio neto

El Canvas de las finanzas personales es una herramienta creada por Vicenç Yll Escrº y revisada por Jordi Martínez Llorente

8. Ahorro e inversión

Una vez elaborado su perfil de riesgo y teniendo en cuenta sus objetivos vitales deciden que van a seguir con el fondo de inversión para los gastos universitarios de sus hijas, aunque van a mirar alternativas. Por otro lado, en 15 meses vence el préstamo del coche y además van a estar 17 meses completando el fondo de emergencia, pero en su cabeza y en el calendario ya han anotado que cuando venza el préstamo del coche van a dedicar la totalidad de la cuota, 345 €, como ahorro para el futuro coche. Y cuando tengan el fondo de emergencia completo se plantearán invertir parte de los ahorros para su futura segunda residencia.

Así que en el **canvas de finanzas personales** únicamente incluyen en este apartado la inversión que están realizando para la universidad de sus hijas, y en la próxima revisión del **canvas** esperan poder incorporar nuevas líneas de inversión.

CANVAS DE FINANZAS PERSONALES

Autor: Elena y Carlos   **Fecha:**

Objetivos vitales

1- Tener una segunda residencia en el Pirineo (120 mil euros)

2- Ahorrar para la universidad de las hijas

3- Cambiar el coche en unos 6 años

Objetivos financieros

1- Disponer de una entrada para cuando acaben la hipoteca pedir otra para la segunda residencia

2- Invertir hasta que las hijas tengan 18 años

3- Ahorrar para pedir menos préstamo para el coche

Perfil de riesgo

Elena y Carlos, recordad que tenéis conocimientos limitados de finanzas y un asesoramiento experto os será útil. No queréis tomar riesgos mientras estáis construyendo el fondo de emergencia, una vez lo tengáis podéis destinar una parte del ahorro a inversiones de mayor riesgo.

Podéis tolerar pérdidas de hasta el 25% en alguna inversión puntual, pero una caída brusca superior al 10% os puede poner en una situación de malestar.

Ahora estáis centrados en el fondo de emergencia, pero en cuanto podáis queréis empezar a organizar vuestro futuro a través de un plan de inversiones y ahorro que os permita vivir con mayor tranquilidad.

Ingresos

Nómina Elena:	2.300,00 €
Pagas extra Elena:	383,33 €
Objetivos anuales Elena:	250,00 €
Nómina Carlos:	1.530,00 €
Pagas extra Carlos:	183,33 €

Ingresos mensuales = 4.646,66 €

Fondo de emergencia

Objetivo	11.637 €
Actual	4.800 €
Primer año	9.600 €
Segundo año	11.637 €

Fondo de emergencia construido en 17 meses

Endeudamiento

Hipoteca: 1.020 €/mes
Coche: 345 €/mes

Vencimiento

Hipoteca: 8 años
Coche: 45 cuotas mensuales

Gastos necesarios

Fijos

Vivienda:	1.020 €
Seguros:	56 €
Impuestos:	98 €
Créditos:	345 €
Educación:	440 €
Ahorro:	460 €

Variables

Suministros:	360 €
Combustible:	120 €
Manutención:	980 €

Gastos mensuales necesarios = 3.879 €

Gastos NO necesarios

Fijos

Spotify:	9 €
Amazon:	5 €
Gimnasio:	50 €
Yoga:	50 €

Variables

Cafés:	90 €
Vacaciones:	150 €
Bares y restaurantes:	260 €
Libros:	60 €
Cine:	40 €
Teatro:	40 €
Conciertos:	10 €

Gastos mensuales NO necesarios = 764 €

Ahorro e inversiones

1- Inversión universidad hijas
3.934 € + 60 €/mes
Rentabilidad anual media 3%

Iniciar nuevas inversiones cuando completemos el fondo de emergencia

Visión de futuro

Gastos futuros

Ingresos futuros

Patrimonio neto

El Canvas de las finanzas personales es una herramienta creada por Vicenç Yll Escrá y revisada por Jordi Martínez Llorente

9. Visión de futuro

Elena y Carlos han estado reflexionando sobre cuáles podrían ser sus gastos futuros, más allá de sus objetivos vitales. Todos los indicios apuntan a que la hija mayor necesitará ortodoncia, y eso les hace pensar que la pequeña también la necesitará.

Por otro lado, cada vez son más los vecinos que hablan de poner un ascensor en la finca. Ellos no están muy interesados porque viven en el entresuelo, pero en el caso de que lo apruebe la comunidad de propietarios y se haga la obra será una cantidad importante.

En cuanto a los ingresos futuros de la pareja, Carlos tiene previsto volver a hacer una jornada completa cuando la pequeña empiece primaria, lo que supondrá unos 400 € mensuales adicionales a la remuneración actual, más las pagas extras. Por otro lado, Elena cree que dentro de unos años, si tiene más tiempo, podrá hacer trabajos puntuales de consultoría e ingresar unos 500 € adicionales cada mes.

Al completar ambas listas de gastos e ingresos, las anotan en el **canvas de finanzas personales** de la siguiente forma.

CANVAS DE FINANZAS PERSONALES

Autor: Elena y Carlos   **Fecha:**

Objetivos vitales

1- Tener una segunda residencia en el Pirineo (420 mil euros)

2- Ahorrar para la universidad de las hijas

3- Cambiar el coche en unos 6 años

Objetivos financieros

1- Disponer de una entrada para cuando acaben la hipoteca pedir otra para la segunda residencia

2- Invertir hasta que las hijas tengan 18 años

3- Ahorrar para pedir menos préstamo para el coche

Perfil de riesgo

Elena y Carlos, recordad que tenéis conocimientos limitados de finanzas y un asesoramiento experto os será útil. No queréis tomar riesgos mientras estáis construyendo el fondo de emergencia, una vez lo tengáis podéis destinar una parte del ahorro a inversiones de mayor riesgo.

Podéis tolerar pérdidas de hasta el 25% en alguna inversión puntual, pero una caída brusca superior al 10% os puede poner en una situación de malestar.

Ahora estáis centrados en el fondo de emergencia, pero en cuanto podáis querréis empezar a organizar vuestro futuro a través de un plan de inversiones y ahorro que os permita vivir con mayor tranquilidad.

Ingresos

Nómina Elena:	2.300,00 €
Pagas extra Elena:	383,33 €
Objetivos anuales Elena:	250,00 €
Nómina Carlos:	1.530,00 €
Pagas extra Carlos:	183,33 €

Ingresos mensuales = 4.646,66 €

Endeudamiento

Hipoteca: 1.020 €/mes
Coche: 345 €/mes

Vencimiento

Hipoteca: 8 años
Coche: 45 cuotas mensuales

Ahorro e inversiones

1- Inversión universidad hijas

3.934 € + 60 €/mes

Rentabilidad anual media 3%

Iniciar nuevas inversiones cuando completemos el fondo de emergencia

Gastos necesarios

Fijos

Vivienda:	1.020 €
Seguros:	56 €
Impuestos:	98 €
Créditos:	345 €
Educación:	440 €
Ahorro:	460 €

Variables

Suministros:	360 €
Combustible:	420 €
Manutención:	980 €

Gastos mensuales necesarios = 3.879 €

Fondo de emergencia

Objetivo	11.637 €
Actual	4.800 €
Primer año	9.600 €
Segundo año	11.637 €

Fondo de emergencia construido en 17 meses

Gastos NO necesarios

Fijos

Spotify:	9 €
Amazon:	5 €
Gimnasio:	50 €
Yoga:	50 €

Variables

Cafés:	90 €
Vacaciones:	150 €
Bares y restaurantes:	260 €
Libros:	60 €
Cine:	40 €
Teatro:	40 €
Conciertos:	10 €

Gastos mensuales NO necesarios = 764 €

Visión de futuro

Gastos futuros

Ortodoncia Valentina - 4.500 €
Ortodoncia Eulalia - 4.500 €
Ascensor - 3.000 €

Ingresos futuros

Jornada completa Carlos - 400 €/mes
Consultorías Elena - 500 €/mes

Patrimonio neto

El Canvas de las finanzas personales es una herramienta creada por Viceng Ytl Escoi y revisada por Jordi Martínez Llorente

10. Patrimonio neto

Elena y Carlos llegan al último punto del **canvas de finanzas personales**, es el momento de saber cuál es su patrimonio neto.

Su vivienda tiene un valor estimado de 250.000 €, el coche vale unos 7.800 €, el ahorro para el fondo de emergencia 4.800 € y el dinero invertido para las niñas 3.934 €. Además, sus *gadgets*, electrodomésticos, joyas y otros enseres de valor creen que podrían valer unos 5.300 €.

Por otro lado, deben 98.000 € de hipoteca y unos 4.900 € del préstamo del coche.

En total sus activos suman 271.834 € y sus pasivos son de 102.900 €, lo cual da un patrimonio neto de 168.934 €.

Una vez calculado, lo incluyen en su **canvas de finanzas personales**.

CANVAS DE FINANZAS PERSONALES

Autor: Elena y Carlos   **Fecha:**

Objetivos vitales

1- Tener una segunda residencia en el Pirineo (120 mil euros)

2- Ahorrar para la universidad de las hijas

3- Cambiar el coche en unos 6 años

Objetivos financieros

1- Disponer de una entrada para cuando acaben la hipoteca pedir otra para la segunda residencia

2- Invertir hasta que las hijas tengan 18 años

3- Ahorrar para pedir menos préstamo para el coche

Perfil de riesgo

Elena y Carlos, recordad que tenéis conocimientos limitados de finanzas y un asesoramiento experto os será útil. No queréis tomar riesgos mientras estáis construyendo el fondo de emergencia, una vez lo tengáis podéis destinar una parte del ahorro a inversiones de mayor riesgo.

Podéis tolerar pérdidas de hasta el 25% en alguna inversión puntual, pero una caída brusca superior al 10% os puede poner en una situación de malestar.

Ahora estáis centrados en el fondo de emergencia, pero en cuanto podáis queréis empezar a organizar vuestro futuro a través de un plan de inversiones y ahorro que os permita vivir con mayor tranquilidad.

Endeudamiento

Hipoteca: 1.020 €/mes
Coche: 345 €/mes

Vencimiento

Hipoteca: 8 años
Coche: 15 cuotas mensuales

Ahorro e inversiones

1- Inversión universidad hijas
3.934 € + 60 €/mes
Rentabilidad anual media 3%

Iniciar nuevas inversiones cuando completemos el fondo de emergencia

Ingresos

Nómina Elena:	2.900,00 €
Pagas extra Elena:	383,33 €
Objetivos anuales Elena:	250,00 €
Nómina Carlos:	1.530,00 €
Pagas extra Carlos:	183,33 €

Ingresos mensuales = 4.646,66 €

Fondo de emergencia

Objetivo	11.637 €
Actual	4.800 €
Primer año	9.600 €
Segundo año	11.637 €

Fondo de emergencia construido en 17 meses

Visión de futuro

Gastos futuros

Ortodoncia Valentina – 4.500 €
Ortodoncia Eulalia – 4.500 €
Ascensor – 3.000 €

Ingresos futuros

Jornada completa Carlos – 400 €/mes
y
Consultorías Elena – 500 €/mes

Gastos necesarios

Fijos

Vivienda:	1.020 €
Seguros:	56 €
Impuestos:	98 €
Créditos:	345 €
Educación:	440 €
Ahorro:	460 €

Variables

Suministros:	360 €
Combustible:	120 €
Manutención:	980 €

Gastos mensuales necesarios = 3.879 €

Gastos NO necesarios

Fijos

Spotify:	9 €
Amazon:	5 €
Gimnasio:	50 €
Yoga:	50 €

Variables

Cafés:	90 €
Vacaciones:	150 €
Bares y restaurantes:	260 €
Libros:	60 €
Cine:	40 €
Teatro:	40 €
Conciertos:	40 €

Gastos mensuales NO necesarios = 764 €

Patrimonio neto

Activo

Piso	+250.000 €
Coche	+7.800 €
Fondo emergencia	+4.800 €
Inversión niñas	+3.934 €
Otros	+5.300 €

Pasivo

Hipoteca	-98.000 €
Préstamo coche	-4.900 €

Total Pat. neto   **+168.934 €**

El Canvas de las finanzas personales es una herramienta creada por Vicenç Yll Escoi y revisada por Jordi Martínez Llorente